KB269896

주기도문

8주 완성

주기도문
8주 완성

찍은 날 2024년 9월 12일
펴낸 날 2024년 9월 24일
지은이 김기재
펴낸이 장상태
펴낸곳 디다스코
　　　　　서울시 서초구 서초동 1355-3 서초월드오피스텔 1605호
전　　화 02-6415-6800
이 메 일 jangsstt@naver.com

등　　록 2007년 4월 19일
신고번호 제2007-000076호

ISBN 979-11-89397-11-1 (93230)

값은 표지에 있습니다.

주기도문
8주 완성

김기재 지음

웨스트민스터 소요리문답,
하이델베르크 요리문답,
『기독교 강요』에서 배우는 주기도문

디다스코

추천사

김기재 목사님의 『주기도문 8주 완성』을 추천하면서

여기 8주만 공부하면 '주께서 가르치신 기도'의 본래적 의미를 잘 알고, 기도할 수 있게 하는 귀한 책이 우리에게 주어졌습니다. 귀한 학자이신 목사님(scholar pastor)께서 귀한 책을 아주 친절하게 쓰시어 한국교회에 선물로 주셨습니다.

목사님들은 모두 김기재 목사님같이 신학교를 졸업한 후에도 계속해서 공부하면서 목회하는 학자인 목사가 되어야 합니다. 그리고 한국의 모든 성도들은 이런 학자인 목사님들의 귀한 가르침을 잘 받아야 합니다. 성경의 가르침을 잘 설명하는 작업을 해 주신 것이니 말입니다. 이런 귀한 분들이 성경의 가르침을 잘 베풀어 주실 때 그것이 그러한가 하여 성경을 상고하고, 그 말씀에 근거해서 우리의 생각과 심지어 사용하는 언어 습관까지를 고치려고 해야 합니다. 이 책은 그런 시사점을 곳곳에 가지고 있는 책입니다. 모든 성도들이 부디 다 그렇게 했으면 합니다.

이 책의 일차적인 독자는 성도들이니, 이 책을 가지고 공부하는 교회가 많을수록 우리나라 교회의 미래는 밝을 것입니다. 이렇게 바른 성경적 가르침을 받아 가는 우리나라 성도들이 많아질 수 있기를, 이를 위해 이 책을 사용하는 교회들이 많아지기를 기원하면서 이 귀한 책을 한국교회에 추천합니다.

2024년 3월 28일

이승구

(남송 석좌 신학 교수, 합동신학대학원 대학교/조직신학)

주님께서 가르쳐 주신 기도인 주기도문은 교회가 가장 많이 사랑하고 암송하는 말씀입니다. 교회에 처음 출석하면 가장 먼저 사도신경과 주기도문을 외우게 할 만큼 교회는 주기도문을 소중하게 생각하고 함께 드리는 기도로 사용합니다. 그런데 아쉽게도 많은 성도가 예배 시간에 주기도문을 습관적으로 암송하는 것에 머무는 것을 보게 됩니다. 또 어떤 분들은 주기도문을 자주 암송하면 복이 임한다는 미신적인 생각을 하기도 합니다. 이런 현상은 주님께서 제자들에게 가르쳐 주신 기도의 의미를 바르게 알지 못하기 때문입니다.

예수님께서 제자들에게 기도를 가르쳐 주신 이유는 예배 순서를 따라 단순히 암송하는 용도로 주신 것이 아니라 우리가 드리는 기도의 모범으로 주신 것입니다. 따라서 우리는 주기도문의 내용을 따라 기도드리는 것입니다.

이 책을 사용해서 공부하시는 분들에게 주님께서 은혜 주시기를 기도합니다. 무엇보다도 주기도문의 의미를 좀 더 명확하게 알게 되었으면 좋겠습니다. 또한 주님께서 가르쳐 주신 기도를 사용해서 낭송의 형식으로 기도드릴 때도 마음을 담아서 신성으로 기도드리며, 개인적으로 기도할 때도 주기도문의 모범을 따라 기도드리는 복된 변화가 일어나기를 소망해 봅니다.

이 책은 효과적인 소그룹 공부를 위해서 다음과 같이 구성했습니다. 마음 열기, 내용 해설, 요리문답, 기독교 강요, 돌아보기, 나눔하기, 기억하기, 기도하기입니다. 가장 많은 비중을 차지하는 내용 해설은 세 부분으로 구성했습니다. 1항에서는 주기도문의 이해를 돕기 위해서 기반이 되는 교리를 설명하고, 2항에서는 주기도문 각 간구의 내용을 설명했습니다. 3항에서는 주기도문으로 기도할 때 어떤 마음으로 기도하면 좋을지 적용을 제시했습니다.

이 작은 책이 교회에 유익이 되기를 기도하며, 주기도문 성경공부 교재를 출판하도록 허락해 주신 삼위일체 하나님께 감사와 찬송과 영광을 돌립니다.

이 책에서 사용된 웨스트민스터 소요리문답과 하이델베르크 요리문답은 성약출판사의 번역을 인용했으며,『기독교 강요』는 Calvin, John. Institutes of Christian Religion, trans. by Heny Beveridge, (Massachusetts: Hendrikson Pulblishers, Inc. 2008)를 직접 번역했습니다. 이 책에서 사용된 성경본문은 개역한글입니다.

목차

1장 | 하늘에 계신 우리 아버지

 **마음 열기**

성경은 하나님의 성품과 특성을 다양하게 가르쳐주고 있습니다. 당신이 알고 있는 하나님은 어떤 하나님이신가요? 각자 내가 믿는 하나님, 내가 경험한 하나님을 이야기해 봅시다.

 **본문 말씀**

"그러므로 너희는 이렇게 기도하라 하늘에 계신 우리 아버지여 이름이 거룩히 여김을 받으시오며"(마 6:9).

예수님께서는 제자들에게 주기도문을 알려 주시면서 기도의 대상이신 하나님을 "하늘에 계신 우리 아버지"라고 가르쳐 주셨습니다. 왜냐하면, 하나님이 어떤 분인지 잘 모른다면 '알지 못하는 신'에게 기도하는 것과 마찬가지이기 때문입니다. 누구든지 하나님 앞에 나아갈 때는 "하늘에 계신 우리 아버지"라는 바른 생각을 가지고 나아가야 비로소 바르게 기도할 수 있습니다.

 **내용 해설**

1. "하늘에 계신"이라는 말씀은 어떤 의미인가요?

우리 기도의 대상이신 하나님은 "하늘에 계신 우리 아버지"입니다. 하나님이 "하늘에 계시다"는 것은 단지 장소로서 공중(sky)에 계시다거나 하늘(heaven)에만 계신다는 것을 의미하지 않습니다. 물론 하나님은 공중에도 계시고, 하늘에도 계십니다. 하나님이 계시지 않은 곳은 없습니다. 시편 139:7-10에서는 "내가 하늘에 올라갈지라도 거기 계시며, 스올에 자리를 펼지라도, 바다 끝에 거할지라도 거기서 나를 붙드신다."라고 말합니다. 하나님은 우리가 기도드릴 때 바로 우리 눈앞에도 계시고, 우주 모든 곳에 계시며, 우주 넘어 초월 세계에도 계십니다. 우리 하나님은 무한하신 분입니다. 따라서 "하늘에 계신"이란 말씀은 단순히 장소적인 의미가 아니라 더 깊은 의미가 있습니다.

첫째, "하늘에 계신"이라는 말씀은 하나님이 높으신 분이라는 의미입니다. 하나님은 감히 피조물이 그 이름도 함부로 부를 수 없고, 범접할 수 없는 창조주 하나님이십니다. 그분은 높고 높으신 하나님이시고, 거룩하고 거룩하신 하나님입니다. 천사도 하나님의 영광 앞에서 눈을 가려야 했습니다. 그런데 사람은 땅에 붙은 피조물이요, 죄악 가운데 사는 존재에 불과합니다. 그렇기에 우리가 하나님 앞에 나아갈 때면 언제나 하나님은 내가 생각할 수 없을 만큼 높고 거룩하신 분이요, 엄위하신 하나님이라는 것을 생각해야 합니다.

둘째, "하늘에 계신"이라는 말씀은 하나님이 전능하시다는 의미입니다. 역대하 20:6에서는 이렇게 말합니다. "우리 조상들의 하나님 여호와여 주는 하늘에서 하나님이 아니시니이까 이방 사람들의 모든 나라를 다스리지 아니하시나이까 주의 손에 권세와 능력이 있사오니 능히 주와 맞설 사람이 없나이다."

우리 하나님은 천지를 창조하신 창조주 하나님입니다. 하나님은 지금도 창조의 권능으로 모든 피조물을 다스리고 계십니다. 창조주 하나님, 전능하신 하나님이 우리의 기도를 들으신다는 것은 우리가 마음껏 기도할 수 있는 원동력입니다. 언제든지 나를 도우실 수 있는 전능자가 계시니 우리는 무엇이든지 담대히 기도할 수 있습니다.

2. "우리 아버지"께 기도하는 것은 어떤 의미인가요?

첫째, "우리 아버지"께 기도하는 것은 삼위일체 하나님께 기도하는 것입니다. 하나님은 삼위일체 하나님이십니다. 삼위일체란 하나님은 한 분이신데 세 위격(인격)으로 계신다는 뜻입니다. 삼위일체 교리를 우리의 제한된 이성으로 완전히 이해하는 것은 불가능합니다. 성경은 성부 하나님, 성자 하나님, 성령 하나님이 계시다는 것과 하나님이 한 분이라는 것을 밝히 말씀하고 있기에 우리는 이 사실을 그대로 믿습니다.

하나님이 한 분이라는 것은 이런 의미입니다. 이 세상에 완전하게 같은 것은 존재하지 않습니다. 예를 들어, 같은 공장에서 생산한 같은 연필 세 자루가 있다고 가정해 봅니다. 우리가 눈으로 보기에는 완벽하게 같은 제품이지만 정밀한 측정기로 측정하면 무게도, 길이도, 색깔도 다 다릅니다. 이 세상에는 완전하게 꼭 같은 것은 존재하지 않습니다. 그런데 성부, 성자, 성령 하나님은 신적 속성이 완전하게 같습니다. 신적 속성이란 하나님의 영성, 전능하심, 지식, 지혜, 의로우심, 거룩하심, 무한하심, 완전하심, 불변하심 등과 같은 하나님의 성품과 특성을 말합니다. 삼위 하나님은 모든 신적 속성이 완전하게 같습니다. 완전하게 같으면 하나이지 둘이나 셋일 수 없습니다. 그러므로 하나님은 한 분이십니다. 하나님은 한 분이신데 성부, 성자, 성령 삼위로 계십니다. 삼위라는 것은 세 인격체라는 말입니다. 하나님은 신적 속성이 완전하게 같으면서 구별되는 세 인격체인 성부, 성자, 성령으로 계십니다.

이렇게 어려운 삼위일체를 설명하는 이유는 하나님의 이름을 부를 때 혼동하지 않기 위해서입니다. 우리는 기도할 때 '하나님 아버지'하고 부릅니다. 또 예수님을 부르기도 하고 성령님을 부르기도 합니다. 또 '주님'이라고 부르기도 합니다. 다 좋습니다. 그러나 꼭 명심할 것이 있습니다. 우리의 예배의 대상과 기도의 대상은 삼위일체 하나님입니다. 우리가 예수님을 부를 때도 삼위일체 하나님이신 예수님을 부르는 것이고, 성령님이라고 부를 때도 삼위일체 하나님이신 성령님을 부르는 것입니다. 또 우리가 하나님을 부를 때도 삼위일체 하나님을 부르는 것입니다. 특별히 하나님을 아버지라고 부를 때, 예수님이 "내 아버지"라고 부르신 것은 성부 하나님(제1위이신)을 지칭하는 것이며(요 5:17), 성부께 돌려진 사역(귀속)을 말할 때(창조와 섭리 사역) "아버지"는 성부 하나님을 지칭하는 것입니다(엡 1:3-6; 시 2:7-9; 요 6:37; 사 53:10). 그리고 주기도문에서 "우리 아버지"라고 부르는 것은 삼위일체 하나님을 대표해서 성부 하나님을 부르는 것(빌 2:6-8; 고전 15:28)이거나 삼위일체 하나님을 아버지라 부르는 것입니다(사 9:6).

그러므로 주기도문에서 "우리의 아버지"는 삼위일체 하나님을 부르는 표현입니다. 우리 아버지께 기도하는 것은 곧 삼위일체 하나님께 기도하는 것입니다. 우리는 하나님을 생각할 때는 항상 삼위일체 하나님을 염두에 두어야 합니다. 우리의 예배와 찬양과 기도의 대상은 언제나 삼위일체 하나님입니다.

둘째, 하나님을 아버지로 부른다는 것은 우리가 하나님의 자녀가 되었다는 것을 의미합니다. 전에 우리는 죄의 종으로 살았습니다. 죄의 종으로 사는 사람은 죄를 사랑하고 죄짓는 것을 자랑하며 삽니다. 죄의 종은 하나님과 원수입니다. 창조주 하나님이 원수라는 것은 무서운 일입니다. 더 무서운 것은 영원한 형벌을 받아야 한다는 것입니다. 그런데 예수 그리스도를 믿음으로 말미암아 신분의 변화가 일어나게 되었습니다. 흑암의 권세에서 아들의 나라로 옮겨졌습니다. 죄인에서 의인으로, 원수에서 하나님의 자녀로 신분이 변하게 되었습니다. 이제는 하나님을 "아빠 아버지"라고 부르게 되었습니다. "아빠 아버지"라고 부른다는 것은, 마음에서 우러나 하나님을 아버지로 기뻐하며 부른다는 의미입니다. 이제는 하나님이 우리의 아버지입니다.

요한복음 1:12에서는 "영접하는 자 곧 그 이름을 믿는 자들에게는 하나님의 자녀가 되는 권세를 주셨으니"라고 말씀합니다. 하나님의 자녀에게는 특별한 권세가 있습니다. 아버지와 아들 관계이기 때문에 특권을 누릴 수 있습니다. 자녀는 아버지의 도움이 필요할 때 언제든지 아버지의 이름을 부르며 도우심을 구할 수 있습니다. 다른 누군가의 도움이 필요하지 않습니다. 하나님 아버지에게 우리는 무한한 사랑의 대상입니다. 그 사랑이 얼마나 큰가 하면, 아들을 십자가에 죽이시기까지 우리를 사랑하셨습니다. 사도 요한은 이 사실에 감격해서 말합니다. "보라 아버지께서 어떠한 사랑을 우리에게 베푸사 하나님의 자녀라

일컬음을 받게 하셨는가"(요일 3:1). 또한 자녀는 상속자입니다. 하나님의 나라에 속한 모든 복을 상속받게 될 것입니다.

셋째, "우리" 아버지로 부르게 하신 것은 이 기도가 "교회 공동체"가 함께 드리는 기도라는 것을 의미합니다. 우리는 기도할 때 교회 공동체와 함께 기도하고, 형제와 자매를 위해서 기도해야 합니다. 예수님은 교회의 머리이시고 우리는 그의 지체입니다. 우리 모두가 하나의 몸을 이루고 있으니 혼자 떨어져서 신앙생활 한다는 것은 불가능한 일입니다. 하나님은 언제나 우리를 공동체로 대하신다는 것을 기억해야 합니다.

3. 우리는 어떤 마음으로 이 기도를 드려야 할까요?

예수님께서는 제자들에게 "하늘에 계신 우리 아버지"께 기도하라고 가르쳐 주셨습니다. 우리는 "하나님 아버지"를 부를 때, 두 가지를 늘 기억해야 합니다.

첫째, 하나님은 무한한 권능을 가지신 높으신 분이라는 인식이 있어야 합니다. 하나님은 함부로 농담하며 부를 수 있는 분이 아닙니다. 하나님은 피조물이 범접할 수 없는 두려운 분이요, 높으신 분입니다. 그러므로 하나님을 우리 같은 피조물의 수준으로 생각해서는 안 됩니다. 내가 우러러볼 수밖에 없는 지극히 높으신 하나님이라는 것을 기억하며 기도드려야 합니다.

둘째, 하나님은 아버지의 사랑으로 우리를 대하신다는 사실을 기억해야 합니다. 우리가 "하나님 아버지"하고 부를 때, 하나님은 언제든지 달려와서 우리를 도우실 마음을 가지고 계신 우리의 아버지입니다. 아버지의 모든 관심과 사랑은 자녀인 우리를 향해 있습니다. 그러므로 하나님 앞에 나아갈 때는 하나님이 나를 무한한 사랑으로 대하신다는 것을 확신하고, 모든 것을 그분에게 맡기고 의지하는 마음을 가져야 합니다. 가장 중요한 것은 '하나님 아버지'하고 부를 때, 하나님이 나의 진짜 아버지라는 감격과 믿음이 있어야 합니다. 하나님은 멀리 계신 하나님이 아니라 나와 함께 하시며 나를 사랑하시는 아버지입니다. 또한 "하늘에 계신 우리 아버지"라고 기도할 때는 높으신 하나님의 말씀에 순종하고 나도 그분을 사랑하겠다는 자세가 있어야 합니다. 하나님의 자녀에게는 권세도 있고, 책임도 있습니다. 하나님의 사랑에 감격해서 사랑으로 화답하는 것이 좋은 신앙입니다.

 ## 요리문답 + + + + + + + + + + + + + + + + + +

웨스트민스터 소요리문답

100문 : 주님께서 가르쳐주신 기도의 머리말이 우리에게 가르치는 것은 무엇입니까?

답 : "하늘에 계신 우리 아버지"라는 기도의 머리말은, 자녀들이 아버지에게 나아가듯 우리로 하여금 모든 거룩한 공경심과 확신을 가지고 도와줄 능력과 마음이 있는 하나님께 나아갈 것을 가르칩니다. 또한 우리가 다른 사람과 함께 기도하고 다른 사람을 위하여 기도할 것을 가르칩니다.

하이델베르크 요리문답

120문 : 그리스도께서는 왜 하나님을 "우리 아버지"로 부르라 명하셨습니까?
답: 그리스도께서는 기도의 첫머리에서부터 우리 마음에 하나님께 대하여 어린아이와 같은 공경심과 신뢰를 불러일으키기를 원하셨는데, 이것이 우리의 기도의 기초입니다. 하나님께서는 그리스도로 말미암아 우리 아버지가 되셨으며, 우리가 믿음으로 구하는 것에 대해서는 우리 부모가 땅의 좋은 것들을 거절하지 않는 것보다 훨씬 더 거절하지 않으실 것입니다.

121문 : "하늘에 계신"이라는 말이 왜 덧붙여졌습니까?
답 : 하나님의 천상(天上)의 위엄을 땅의 것으로 생각지 않고, 그의 전능하신 능력으로부터 우리의 몸과 영혼에 필요한 모든 것을 기대하도록 하기 위함입니다.

＋ ＋

 **기독교 강요**

하늘에 계신 우리 아버지

아버지를 설명할 때 "하늘에 계신"분이라고 말씀합니다. 이 말씀을 잘못 생각해서 하나님께서 눈에 보이는 하늘 어딘가에 갇혀 계신 분이라고 생각해서는 안 됩니다.

솔로몬은 "하늘의 하늘이라도 주를 용납하지 못한다"(왕상 8:27)하고 고백했습니다. 이 말씀은 하나님이 어떤 공간에 제한되는 분이 아니시며, 동시에 모든 곳에 계신 분이라는 의미입니다. 주께서는 우리의 제한된 지성으로는 이해할 수 없는 하나님의 영광을 "하늘"이라는 말로 표현했습니다. 또, "하늘"이라는 표현은 하나님은 변화하지 않으시며, 무한하시며, 영원하신 분으로 온 우주를 다스리는 분이라는 의미입니다.

그러므로 우리가 하나님을 찾을 때는 우리의 모든 지각을 초월해서 계신 높으신 분으로 인식해야 합니다. 우리는 하나님을 아버지라고 부를 때, 그분이 우리를 가장 친밀하게 대하시는 분이라는 사실에 안심합니다. 동시에 "하늘에 계신" 아버지는 우주를 다스리시는 분이시니, 우리는 언제든 우리를 도우실 수 있는 하나님께로 나아갑니다.

그리스도께서는 아버지에 대해 두 가지를 선포하십니다. 우리가 하나님을 믿을 것과 그분은 우리를 절대로 잊지 않으시는 분이라는 점입니다(히 11:6). 우리는 이것을 확신하며 하나님께 나아가야 합니다.

"믿음이 없이는 하나님을 기쁘시게 하지 못하나니 하나님께 나아가는 자는 반드시 그가 계신 것과 또한 그가 자기를 찾는 자들에게 상 주시는 이심을 믿어야 할지니라."(히 11:6)

『기독교 강요』 3권 20장 40절

 **돌아보기**

1. "하늘에 계신 우리 아버지"라는 말씀에는 어떤 의미가 있나요?

1) 하늘에 계신

2) 우리 아버지

2. 다음 말씀의 괄호에 들어갈 내용은 무엇인가요?

역대하 20:6 이르되 우리 주상들의 하나님 여호와여 주는 (하늘에서) 하나님이 아니시나이까 이방 사람들의 모든 나라를 다스리지 아니하시니이까 주의 손에 (권세와 능력)이 있사오니 능히 주와 맞설 사람이 없나이다

로마서 8:15 너희는 다시 무서워하는 종의 영을 받지 아니하고 양자의 영을 받았으므로 우리가 (아빠 아버지)라고 부르짖느니라

요한복음 1:12 영접하는 자 곧 그 이름을 믿는 자들에게는 하나님의 (   ) 되는 권세를 주셨으니

나눔하기

1. 우리는 기도할 때, "하나님 아버지"라고 하나님의 이름을 부릅니다. 평소에 하나님께 기도할 때 하나님을 어떤 분으로 생각하면서 기도하는지 나눠봅시다.

2. 예수님을 믿는 사람만 하나님을 아버지라고 부르는 자녀가 됩니다. 자녀에게는 특권이 주어집니다. 이 특권은 넓게는 날마다 나의 삶에서 부어지는 모든 은혜로 나타납니다. 한 주 동안 받은 은혜를 나누고 어떻게 감사하면 좋을지 나누어 봅시다.

3. 1장에서 "하늘에 계신 우리 아버지"를 공부하면서 새롭게 깨달은 내용이나 느낀 점이 있으면 나눠봅시다.

 ## 기억하기

1. 우리가 기도하는 대상은 "하늘에 계신 우리 아버지"입니다.
2. "우리 아버지"께 기도하는 것은 삼위일체 하나님께 기도하는 것입니다.
3. "하늘에 계신"이란 말씀은 높고 엄위하시며 전능하신 하나님이라는 의미입니다.
4. "우리 아버지"란 말씀은 예수 그리스도를 믿음으로 하나님이 우리의 아버지가 되셨으며, 무한한 사랑으로 우리를 대하신다는 것을 의미합니다.
5. "우리 아버지"란 나만의 아버지가 아니라 교회 공동체가 함께 섬기고 기도하는 우리의 아버지라는 의미입니다.

 ## 기도하기

거룩하신 하나님, 우리가 아직 죄인이었을 때에 예수 그리스도의 십자가 보혈로 우리를 구원해 주서서 감사합니다. 전에는 죄의 종이었으나 이제는 하나님을 아버지라고 부를 수 있는 자녀가 되었습니다. 전능하신 하나님이 아버지의 사랑으로 저희를 바라보시고 기도에 귀기울이시니 무슨 일을 만나든 담대히 기도합니다. 저희의 삶에 찾아오시고 간섭해 주서서 아버지의 사랑을 늘 누리며 살게 해 주시옵소서. 예수님의 이름으로 기도드립니다. 아멘.

2장

이름이 거룩히 여김을 받으시오며

마음 열기

하나님을 예배하고 찬양할 때 성도에게는 기쁨이 있습니다. 특별히 어려운 일을 만났을 때 하나님을 찬양하면 새 힘을 주시는 경우가 많습니다. 하나님을 더 특별히 찬양하고 싶어지는 때는 언제인지 각자의 경험과 생각을 말해 봅시다.

본문 말씀

"이름이 거룩히 여김을 받으시오며"(마 6:9).

예수님께서 가르쳐 주신 첫째 간구는 "아버지의 이름이 거룩히 여김을 받으시오며"입니다. 이 간구는 모든 사람이 하나님께 마땅한 경배를 드리고 하나님을 영화롭게 하기를 소원한다는 기도입니다.

 ## 내용 해설

1. 하나님의 "거룩하심"이란 무엇인가요?

우리의 기도를 들으시는 삼위일체 하나님은 거룩하신 분입니다. 거룩하다는 말은 '구별되다'는 의미입니다. 마치 혼인을 앞둔 신부가 웨딩드레스에 더러운 것이 묻지 않도록 잘 보관하는 것처럼 구별하는 것을 거룩이라고 합니다. "하나님이 거룩하시다"고 할 때도 마찬가지입니다.

하나님의 거룩하심이란 무엇일까요? 첫째, 피조물과는 '무한한 존재적 차이를 가지신 분'이라는 의미입니다(사 40:18-25). 하나님은 무한한 분입니다. 창조주 하나님의 크심과 높으심과 존엄함을 피조물은 감히 상상으로도 측량할 수 없습니다. 둘째, 하나님은 '모든 악과 부정과 구별'되십니다. 모든 악과 불결함을 미워하시고, 그것들이 가까이 오는 것을 용납하지 않으신다는 의미입니다(출 19:10-24). 그래서 하나님께서는 하나님의 백성에게 항상 성결을 요구하십니다.

하나님의 모든 것이 거룩합니다. 하나님은 모든 성품이 거룩하고, 모든 계획이 거룩하고, 행하시는 모든 일이 거룩합니다. 하나님의 무한한 신적 거룩하심 앞에서는 어떤 피조물이라도 자신의 불결함과 불완전함을 보고 두려워할 수밖에 없습니다. 설령, 죄가 없는 천사라 할지라도 하나님 앞에 서면 어리석음과 부족함이 드러나 두려워할 수밖에 없습니다(사 6:3). 피조물은 하나님의 높으심과 무한한 거룩하심을 찬송할 수밖에 없습니다. 출애굽기 15:11에서 모세는 이렇게 찬송합니다. "여호와여 신중에 주와 같은 자가 누구이니까 주와 같이 거룩함으로 영광스러우며 찬송할 만한 위엄이 있으며 기이한 일을 행하는 자가 누구니이까."

우리가 하나님을 생각할 때는 하나님의 사랑, 하나님의 지혜, 하나님의 전능하심과 같은 속성을 먼저 생각하는 경우가 많이 있습니다. 하나님의 어떤 성품이나 하신 일을 생각하고 말하는 것은 귀한 일입니다. 그러나 우리의 필요 때문에 하나님의 성품을 생각하는 것보다는, 하나님을 높여 드리기 위해서 하나님의 성품을 생각하는 것이 더 좋습니다. 물론, 하나님의 속성 중에 더 중요하고, 덜 중요한 속성이 있는 것은 아닙니다. 그런데도 다음 같은 이유로 하나님의 거룩하심을 늘 새기는 것이 좋습니다.

첫째는 하나님께서 "내가 거룩하니 너희도 거룩하라"(레 11:45)고 우리에게 거룩할 것을 명령하셨다는 점에서 그러합니다. 둘째는 하나님의 하나님 되심과 우리의 위치를 가장 잘 알 수 있다는 점에서 하나님의 거룩하심을 더 많이 의식하고 높이는 것이 좋습니다. 하나님을 거룩하신 하나님으로 아는 것이 하나님을 바르게 아는 것입니다.

2. "이름이 거룩히 여김을 받으시오며"라는 말씀은 어떤 의미인가요?

"이름이 거룩히 여김을 받으시기 원한다."는 간구는 하나님의 존재가 모든 곳에서 거룩히 여김을 받으시기 원한다는 기도입니다. 어떤 사람이 누군가의 이름을 부르며 그를 모욕한다면 그것은 그의 인격과 존재를 모욕하는 것이고, 반대로 누군가의 이름을 말하며 그의 이름을 높인다면 그의 인격과 존재를 높이는 것이 됩니다. 하나님의 이름도 그렇습니다. 하나님의 이름은 하나님을 나타내고 하나님의 존재 전체를 의미합니다. 다윗은 골리앗과의 전투에 싸우러 나아갈 때 이렇게 말합니다. "다윗이 블레셋 사람에게 이르되 너는 칼과 창과 단창으로 내게 나아 오거니와 나는 만군의 여호와의 이름 곧 네가 모욕하는 이스라엘 군대의 하나님의 이름으로 네게 나아가노라"(삼상 17:45).

"하나님의 이름"으로 나아간다는 것은, 하나님이 싸움을 대신 싸운다는 의미입니다. 하나님의 이름은 곧 하나님의 존재를 의미합니다. 마찬가지로 우리가 "아버지의 이름이 거룩히 여김을 받으시오며"라고 기도하는 것은 '하나님의 존재가 거룩히 여김을 받으시기 원한다'는 간구입니다. 이렇게 기도하는 것은 하나님을 경배하지 않고, 하나님을 높이지 않는 현실이 우리에게 있기 때문입니다. 죄인들은 하나님의 이름을 거룩히 여기는 것이 아니라 반대로 하나님을 대적하며 악을 행하기 기뻐합니다.

따라서 주님이 가르쳐 주신 기도의 첫 번째 간구는 모든 사람이 하나님께 합당한 경배를 드리며 하나님의 이름을 높이게 해 달라는 탄원입니다. 이 기도를 드릴 수 있는 사람은 예수 그리스도를 믿고 하나님을 아버지라고 부르는 성도들입니다. 성도는 이미 거룩한 백성입니다. 영적으로 거룩하게 하신 백성이기에 하나님의 높으심과 거룩하심을 알고 자기도 거룩하기를 소원하는 마음을 갖게 됩니다. 성도는 하나님의 거룩하심을 알게 되었기에 하나님의 뜻과 맞지 않는 모든 것, 하나님을 하나님으로 대접해 드리지 않는 모든 것에서 고통을 느끼게 됩니다. 시편 119:136은 이렇게 탄원합니다. "그들이 주의 법을 지키지 아니하므로 내 눈물이 시냇물 같이 흐르나이다."

사람은 스스로 거룩해질 수도 없고, 다른 사람을 거룩하게 할 수도 없습니다.

이 일은 하나님만이 하실 수 있는 일이기에 시인은 울면서 하나님께 탄원하고 있습니다. 우리도 시인과 마찬가지로 날마다 "하나님의 이름이 거룩히 여기심"을 받지 못하는 모든 것에 마음 아파하며 이 간구를 드리는 것입니다. 하나님께서는 이 간구의 응답으로 구원의 은혜를 베풀어 주시고, 성도를 성도답게 하시며, 교회를 새롭게 하시고, 또 하나님을 대적하는 악을 제어하시므로 하나님의 거룩하심을 나타내시고 영광을 받으십니다.

그리고 마지막 날에 온 천하 만민이 "하나님의 이름을 거룩히 여기고" 경배하는 날이 오게 될 것입니다. 그날에는 우리에게 있는 모든 악을 제거하시고, 악인들을 멸하시므로 "하나님의 거룩하심"을 나타내 보이실 것입니다. 그날이 오기까지는 우리는 날마다 탄식하며 이 기도를 드리는 것입니다.

3. 우리는 어떤 마음으로 이 기도를 드려야 할까요?

"하나님의 이름이 거룩히 여김을 받으시오며"라고 기도할 때는 두 가지를 생각하면서 이 기도를 드려야 합니다.

첫째, 우리 삶의 모든 부분에서 하나님을 높이고 영화롭게 하겠다는 신앙고백이 있어야 합니다. "하나님의 이름이 거룩히 여김을 받으시오며"라는 간구는 먼저, 이 기도를 드리는 자에게 '하나님의 뜻에 합당한 삶을 살겠다'는 다짐과 실천을 요구하고 있습니다. 자신의 삶은 하나님의 말씀과 아무 상관없이 살면서 주기도문을 외울 때만 "하나님의 이름이 거룩히 여김을 받으시오며"라고 기도하는 것은, 하나님께 마음에도 없는 빈말을 하는 것입니다. 따라서 이 기도를 드릴 때는 '내 삶의 모든 부분에서 하나님을 영화롭게 하겠다'는 결단이 있어야 합니다. 그러면서 내가 아직 버리지 못한 죄악을 버릴 힘을 주시고, 말씀에 부합하지 못한 모든 것을 고쳐 달라고 간구해야 합니다. 이렇게 자신의 삶을 성결하게 구별하는 사람이 "하나님의 이름을 거룩히 여기는 사람"입니다.

둘째, 이 간구를 드릴 때 내가 "하나님의 이름을 거룩하게" 여길 뿐만 아니라, 다른 사람도 "하나님을 높이고 경배하도록" 해 달라고 간구해야 합니다. 그리고 이 일을 위해서 복음을 바르게 잘 알고 전하는 일에 준비되어야 합니다. 아무리 많이 기도할지라도 복음을 바르게 전하지 못한다면 믿지 않는 분들이 "하나님의 이름을 거룩하게" 여길 수 없기 때문입니다.

요리문답

웨스트민스터 소요리문답

101문 : 첫째 간구로 우리는 무엇을 구합니까?
답 : "이름이 거룩히 여김을 받으시옵소서"라는 첫째 간구로 우리는 하나님께서 자기를 알리시는 모든 일에서 우리와 다른 사람으로 하여금 하나님을 영화롭게 하도록 하시고, 하나님께서 모든 것을 자기의 영광만을 위하여 친히 처리하여 주시기를 구합니다.

122문 : 첫째 간구는 무엇입니까?

답 : "이름이 거룩히 여김을 받으시옵소서"로 이러한 간구입니다. "무엇보다도 먼저 우리로하여금 주님을 바르게 알게 하여 주옵시며, 주께서 행하시는 모든 일에서 주님을 거룩히 여기고 경배하고 찬송하게 하옵소서. 주께서 행하시는 일에는 주님의 전능과 지혜와 선하심과 의와 자비와 진리가 환히 빛나옵나이다. 또한 우리의 모든 삶을 지도하시고 우리의 생각과 말과 행동을 주장하셔서, 주님의 이름이 우리 때문에 더럽혀지지 않고 오히려 영예롭게 되고 찬양을 받게 하옵소서."

+ +

 기독교 강요

이름이 거룩히 여김을 받으시오며

첫째 간구는 "이름이 거룩히 여김을 받으시오며"(마 6:9)입니다. 사실 이 간구는 우리의 배은망덕과 감사치 않음이 하나님의 영광을 가렸기 때문에 필요하게 되었습니다. 물론 아무리 불경건한 자들이 신성모독을 일삼아도 하나님의 이름은 영원히 거룩하고 찬란하게 빛납니다.

그래서 선지자는 이렇게 고백합니다. "하나님이여 주의 이름과 같이 찬송도 땅끝까지 미쳤나이다"(시 48:10). 하나님의 권능과 지혜와 선하심과 공의와 자비를 바르게 보면 누구나 감탄하며, 찬양하지 않을 수 없습니다.

그런데 땅에서는 하나님의 이름을 거룩히 여기지 않는 일이 계속되고 있습니다. 비록 우리에게 그것을 바로 잡을 힘이 없더라도 최소한 기도하면서라도 이 문제에 관심을 가져야 한다고 말씀하시는 것입니다. 우리는 하나님께서 마땅히 받으셔야 할 영광을 받으시기를 원하며, 하나님을 생각할 때마다 최고의 공경을 드려야 합니다. 이 간구의 다른 목적은 하나님의 거룩한 이름을 더럽히는 모든 불경과 불신이 사라지고, 모든 신성모독을 막고 존귀와 위엄 가운데 하나님만 빛나시길 바라는 것입니다.

『기독교 강요』 3권 20장 41절

 **돌아보기**

1. "이름이 거룩히 여김을 받으시오며"라는 말씀에는 어떤 뜻이 있나요?

1) 거룩하심의 의미

2) 하나님의 이름을 거룩히 여긴다는 의미

2. 다음 말씀의 괄호에 들어갈 내용은 무엇인가요?

출애굽기 15:11 여호와여 신 중에 주와 같은 자가 누구니이까 주와 같이 (
)으로 영광스러우며 찬송할 만한 (   )이 있으며 기이한 일을 행하
는 자가 누구니이까

마태복음 15:16 이같이 너희 빛이 사람 앞에 비치게 하여 그들로 너희
(   )을 보고 하늘에 계신 너희 아버지께 영광을 돌리게 하라

시편 67:2-3 주의 도를 땅 위에, 주의 (   )을 모든 나라에게 알리소서 하
나님이여 민족들이 주를 찬송하게 하시며 모든 민족들이 (   )
하소서

 ## 나눔하기

1. 주기도문의 첫째 간구는 하나님의 이름을 높이는 간구입니다. 내가 하나님
   을 높이는 것에 방해가 되는 것이 있다면 무엇인지 나눠봅시다.

2. "하나님의 이름을 거룩히 여기"기 위해서 오늘부터 실천할 것이 있다면 나눠
보고, 한 주간 받은 은혜를 나누어 봅시다.

3. 2장 "이름이 거룩히 여기심을 받으시오며"를 공부하면서 새롭게 깨달은 내용
이나 느낀 점이 있으면 나눠봅시다.

 ## 기억하기

1. 하나님의 거룩하심이란 모든 피조물과 모든 부정과 악과 오염과 불결 구별
되시는 하나님의 속성을 말합니다.
2. 오직 성도만이 하나님의 거룩하심을 알고 하나님의 이름이 거룩히 여기심을
받으시길 기도할 수 있습니다.
3. "이름은 거룩히 여기심을 받으시오며"라는 간구는 우리의 모든 삶의 자리에
서 하나님을 영화롭게 하기 원하는 기도입니다.
4. "이름은 거룩히 여기심을 받으시오며"라는 간구는 다른 사람도 이렇게 하나
님을 높이도록 기도하는 것입니다.

5. "이름은 거룩히 여기심을 받으시오며"라는 기도는 종말론적 기도로 하나님
   께서 마지막 날에 모든 악을 제거하시고 모든 민족이 주를 찬양하게 하실 것
   입니다.

 ## 기도하기

거룩하신 하나님 아버지, 구원의 은혜를 주서서 거듭나게 하시고, 거룩하신 하
나님을 알게 해 주서서 하나님을 경배하며 살 수 있게 하여 주시니 감사합니다.
저희 삶의 모든 자리에서 하나님을 높이는것이 마땅하오니, 그런 삶을 살 수 있
도록 날마다 진리의 말씀으로 가르쳐 주시옵고, 아직도 죄악에 넘어질 때가 많
사오니, 날마다 죄를 이기게 하시는 은혜를 누리게 하시옵고, 하나님의 이름을
높이는 복된 삶이 우리 인생의 전부가 되게 해 주시옵소서. 예수님의 이름으로
기도드립니다. 아멘.

3장 | 나라가 임하시오며

마음 열기

성도는 하나님의 나라에서 영원히 살게 됩니다. 천국에서 영원한 삶을 산다는 것은 어떤 점에서 기쁘고 좋을까요? 각자의 생각을 나눠봅시다.

본문 말씀

"나라가 임하시오며"(마 6:10)

하나님의 나라는 성경 전체가 말하는 가장 크고 중심이 되는 사상입니다. 예수님을 믿는다는 것은 하나님의 나라에 들어가서 그 나라의 백성으로 살아가는 것을 의미합니다. 이렇게 하나님의 백성으로 살아가는 사람들은 마지막 날에 극치에 이른 영광스러운 하나님의 나라를 보게 될 것입니다.

 **내용 해설**

1. 하나님의 나라란 무엇인가요?

하나님의 나라란 하나님께서 통치하시는 나라를 말합니다. 하나님은 창조주이시니 천지 만물을 다스리십니다. 그런데 우리가 하나님의 나라라고 할 때는 하나님께서 모든 것을 다스리신다는 의미의 우주적 통치(권능의 왕국, regnum potentiae)를 말하는 것이 아니라, 하나님을 사랑하고 하나님의 뜻에 즐거이 순종하는 백성들로 이루어진 영적인 나라(은혜의 왕국, regnum gratiae)를 말합니다. 하나님 나라의 의미는 세 가지입니다.

첫째, 하나님의 나라는 '이미 와 있는 나라'입니다. 본래 하나님께서 사람을 창조하시고 아담의 후손으로 구성된 하나님의 나라를 세워가고자 하셨습니다. 그런데 첫 사람 아담의 타락으로 죄가 들어오게 되었고 온 세상은 죄 아래 있게 되었습니다. 하나님께서는 타락한 세상에서 아브라함을 선택하시고 그를 통해서 한 민족을 이루시고 계속해서 하나님의 나라를 세워가시기로 합니다. 아브라함은 하나님께서 세우시고 다스리실 나라를 바라보고 소망했습니다(히 11:8-10). 또 이스라엘의 선지자들도 이스라엘의 진정한 왕이신 메시아가 임하실 때

오게 될 하나님의 나라를 기다렸습니다. 이사야는 이렇게 말합니다. "보라 주 여호와께서 장차 강한 자로 임하실 것이요 친히 그의 팔로 다스리실 것이라"(사 40:10). 그리고 "때가 차매" 그리스도께서 성육신하셨습니다. 하나님의 나라의 왕이신 성자 하나님이 성육신하심으로 비로소 하나님의 나라가 이 땅에 임하게 되었습니다. 누가복음 17:20-21에서 바리새인들이 예수님께 질문합니다. "하나님의 나라가 어느 때에 임하나이까?" 그러자 예수님께서 이렇게 대답하십니다. "하나님의 나라는 볼 수 있게 임하는 것이 아니요 또 여기 있다 저기 있다고도 못하리니 하나님의 나라는 너희 안에 있느니라"(눅 17:20). 이 말씀은 바리새인들의 마음 속에 하나님의 나라가 있다는 의미보다는, 바리새인들이 둘러싸고 있는 예수님이 하나님 나라의 왕이시니 너희 가운데 하나님의 나라가 이미 와 있다고 말씀하신 것입니다. 또한 마태복음 12장에서 사람들이 "귀신 들려 눈 멀고 말 못하는 사람"을 데리고 오자 예수님께서 고쳐 주십니다. 그러자 바리새인들이 예수님을 향하여 "바알세불을 힘입어서 귀신을 쫓아낸다"며 맹비난합니다. 이들에게 예수님께서 이렇게 대답하십니다. "내가 하나님의 성령을 힘입어 귀신을 쫓아내는 것이면 하나님의 나라가 이미 너희에게 임하였느니라"(마 12:28). 하나님의 나라는 예수님과 함께 이 땅에 임하였습니다.

둘째, 하나님의 나라는 '장차 오게 될' 나라입니다. 하나님의 나라는 예수님께서 성육신하실 때 이미 왔지만, 장차 예수님께서 재림하실 때에 비로소 극치에 이르게 될 것입니다. 장차 하나님의 나라가 임한다는 것은 또 다른 나라가 온다는 의미가 아니라 하나님의 나라의 성격을 말합니다. 이미 와 있는 하나님의 나라는 믿음으로만 볼 수 있는 영적인 나라입니다. 믿지 않는 사람은 볼 수도 없고, 인정하지도 않습니다. 그러나 예수님께서 재림하실 때 하나님의 나라는 극치(충만함)에 이르게 될 것입니다. 그날에는 모든 악이 제거될 것이며, 온 우주가 새 하늘과 새 땅으로 변하게 될 것입니다(계 21:1). 이런 하나님 나라의 성격 때문에 이미 와 있으나 아직 오지 않은 하나님의 나라라고 합니다.

주님의 재림과 함께 임하게 될 하나님의 나라에서는 모든 죄악이 사라지고 악의 세력이 심판받게 될 것입니다. 그리고 하나님을 사랑하고 기쁨으로 순종하는 백성만 가득한 나라(영광의 왕국 regnum gloriae)가 될 것입니다. 예수님께서 초림하셨을 때 하나님의 나라가 이미 임하였고, 장차 재림하실 때 하나님의 나라는 극치에 이르게 될 것입니다. 그러므로 성도는 이미 와 있는 하나님의 나라에서 아직 오지 않은 하나님의 나라를 기다리고 있습니다.

셋째, 하나님의 나라는 '오직 예수 그리스도를 믿음으로만 들어가는' 나라입니다. 하나님의 나라(천국)는 죽음 이후에 비로소 가는 나라가 아니라 살아 있는 동안에만 들어갈 수 있는 나라입니다. 하나님의 나라에 들어가는 유일한 방법은 예수님의 십자가 사건을 진심으로 믿는 것입니다. 누구든지 예수님께서 십자가에서 나의 죄를 대신해 죽으시고 부활하셨다는 사실을 진심으로 믿으면 그 사람은 즉시 하나님의 백성이 되며, 하나님의 나라에 들어갑니다. 믿는 순간 이미 와 있는 눈에 보이지 않는 하나님의 나라에 들어가고, 장차 재림 때에 극치에 이를 권능으로 임할 하나님의 나라에도 들어가게 됩니다.

2. "나라가 임하시오며"라는 말씀은 어떤 의미인가요?

예수님께서는 이미 하나님의 나라에 들어와 있는 제자들에게 "하나님의 나라"가 임하게 해 달라고 기도하라고 가르쳐 주셨습니다. 이 말씀은 주님이 속히 재림하셔서 세상을 심판하시고 영광의 나라가 임하게 해 달라고 기도하라는 것입니다. 장차 오게 될 하나님의 나라는 주님의 재림으로 이루어지게 됩니다. 우리는 역사의 마지막 날에 하나님의 나라의 찬란한 모습을 눈으로 보게 될 것입니다. 그래서 장차 오게 될 하나님의 나라를 기다리는 사람은 "주 예수님 어서 오시옵소서"(계 22:20)라고 기도하며 주님의 재림을 소망하게 됩니다.

성도가 주님의 재림을 소망하며 살아가는 가장 큰 이유는 '사탄의 나라'가 아직 존재하고 있기 때문입니다. 이 땅에는 여전히 악의 세력이 자기들의 세상인 것처럼 활개 치고 있습니다. 이들은 하나님을 모독하고 교회를 훼방하며, 성도를 괴롭게 합니다. 악의 세력은 성도에게 고통이고 슬픔입니다. 그래서 성도들은 이렇게 탄식합니다. "그들이 주의 법을 지키지 아니하므로 내 눈물이 시냇물 같이 흐르나이다"(시 119:136). 성도는 악의 세력을 미워함과 동시에 아직 흑암의 나라에 있는 이들을 불쌍하게 생각합니다. 왜냐하면, 우리도 전에는 "흑암의 권세 아래 있었는데 하나님 아버지께서 그의 사랑의 아들의 나라로 옮기셨기"(골 1:13) 때문입니다. 따라서 하나님의 나라가 임하기를 기도하는 것은 악의 세력을 없게 해 주시기를 기도하는 것이고, 흑암의 권세 아래 있는 자들이 그리스도로 말미암아 진정한 삶을 살게 해 주시기를 기도하는 것입니다. 또 하나님의 나라가 임하기를 기도하는 것은 은혜의 왕국과 교회가 흥왕해지기를 간절히 기도하는 것입니다. 예수님의 통치를 기쁨으로 따르는 성도가 날마다 늘어가고, 모든 성도가 매주일 참된 예배를 드리게 되기를 기도하게 됩니다. 주께서 재림하시는 그날에 이 일들은 완전히 이루어지게 될 것입니다. 주께서 다시 오시는 그날에 "물이 바다 덮음같이 여호와를 아는 지식이 온 세상에 충만할 것"(사 11:9)이며, "여호와의 영광을 인정하는 것이 세상에 가득하게"(합 2:14) 될 것입니다. 그러므로 하나님의 나라가 임하기를 기도하는 것은 이 일들이 날마다 더 많이 이루어지기를 소망하는 것이며, 하나님의 나라가 극치에 이르는 날이 빨리 오게 해 달라고 기도하는 것입니다.

그런데 이미 와 있는 하나님의 나라가 있고, 장차 임할 하나님의 나라가 있다면 성도가 죽음 이후에 가게 되는 천국은 무엇일까요? 여기에는 먼저 용어에 대한 오해가 있습니다. 유대인들은 '하나님의 이름'을 함부로 말하는 것을 두려워했습니다. 그래서 '하나님'이라고 부르는 대신 '그 하늘'께서라고 표현했습니다. 이런 유대인들의 습관을 생각해서 마태는 '하나님의 나라'라는 말보다 '하늘 나라'라고 표현했는데 이 '하늘나라'를 한자로 천국(天國)이라 번역한 것입니다. 그래서 '천국', '하늘 나라', '하나님의 나라'는 모두 같은 말입니다.

천국은 예수님께서 성육신하셨을 때 이미 와 있는 하나님의 나라(天國)이고, 장차 재림하실 때 임할 하나님의 나라(天國)입니다. 그런데 성도가 죽은 이후에 성도의 영혼이 가는 곳도 천국(天國)이라고 표현해서 오해가 생겨났습니다. 많은 성도가 하나님의 나라가 이미 와 있다는 생각은 거의 하지 않고, 죽음 이후에 천국에 들어가서 영원히 산다는 생각만 하게 된 것입니다. 그러면 성도가 죽은 이후에 가게 되는 곳은 어떻게 부를까요? 성경은 성도가 죽음 이후에 가는 곳을 천국이라고 표현하지 않고, 하늘(haven) 혹은 낙원(paradise)이라고 말합니다(요 3:13, 눅 23:43). 그러므로 우리도 죽음 이후에 가게 되는 곳(중간상태)을 천국이라고 말하기보다는 '하늘'이나 '낙원'이라고 말하는 것이 더 좋습니다.

살아 있는 동안 예수님을 믿은 성도는 이미 와 있는 하나님의 나라에 들어갑니다. 그리고 죽음 이후에 그의 영혼은 하늘에 올라가서 주님이 재림하시기까지 그곳에서 머무르다가 주님이 재림하실 때 임하게 될 새 하늘과 새 땅(극치에 이른 천국)에 들어가서 영원히 살게 됩니다.

3. 우리는 어떤 마음으로 이 기도를 드려야 할까요?

"하나님의 나라가 임하기"를 간구할 때 우리는 두 가지를 생각하며 이 기도를 드려야 합니다.

첫째, 구원의 은혜에 감사하며 이 기도를 드려야 합니다. 하나님께서 우리를 거듭나게 하셨습니다. 예수 그리스도의 피로 우리 죄를 사하여 주셨기에 우리는 사탄의 나라에서 하나님의 나라로 옮겨졌습니다. 이보다 더 크고 놀라운 은혜는 없습니다. 우리의 모든 예배와 모든 헌신과 삶의 이유는 구원의 은혜에 대한 감사여야 합니다. 그 은혜가 너무 크기에, 다른 것이 부족해도 우리는 기뻐하고 감사할 수 있습니다. 그래서 하나님의 나라를 생각할 때는 항상 그리스도의 십자가를 생각해야 합니다. 왜냐하면 우리는 십자가로 말미암아 하나님의 나라에 들어왔기 때문입니다.

둘째, 모든 죄와 악한 세력이 사라지기를 간절히 바라면서 이 기도를 드려야 합니다. 하나님의 백성이 되었다는 것은 왕이신 예수님의 통치를 받는 것을 의미합니다. 그래서 이 기도를 드릴 때마다 우리 먼저 자신을 돌아보아야 합니다. 참된 성도는 날마다 회개하는 사람입니다. 그러므로 주님의 통치가 나에게서 온전히 이루어지지 못하게 하는 죄악을 날마다 버리려고 노력해야 합니다. 날마다 회개하는 사람이 진심으로 하나님의 나라가 임하기를 기도하는 사람입니다. 이런 사람은 자신뿐만 아니라 가정과 교회와 자신이 속해 있는 사회에서도 모든 악이 제거되기를 소원합니다. 하나님의 나라를 사모하는 것은 무엇보다도 모든 죄악이 사라지기를 소원하는 마음입니다.

요리문답

웨스트민스터 소요리문답

102문 : 둘째 간구로 우리는 무엇을 구합니까?

답 : "나라이 임하옵소서"라는 둘째 간구로 우리는 사탄의 나라가 멸망하고, 은혜의 나라가 흥왕하여서 우리와 다른 사람들이 거기 들어가 지켜주심을 받고, 영광의 나라가 속히 오게 하여 주시기를 구합니다.

하이델베르크 요리문답

123문 : 둘째 간구는 무엇입니까?

답 : "나라이 임하옵소서"로, 이러한 간구입니다. "주님의 말씀과 성신으로 우리를 통치하시사 우리가 점점 더 주님께 순종하게 하옵소서. 주님의 교회를 보존하시고 흥왕케 하옵시며, 마귀의 일들과 주님께 대항하여 스스로를 높이는 모든 세력들, 그리고 주님의 거룩한 말씀에 반대하는 모든 악한 의논들을 멸하여 주옵소서. 주님의 나라가 온전히 이루어져 주께서 만유의 주가 되실 때까지 그리하옵소서."

 **기독교 강요**

하나님의 나라가 임하시오며

둘째 간구는 "나라가 임하시오며"(마 6:10)입니다. 이 간구가 의미하는 것은 사람들이 자기를 부인하고, 세속에 물든 생활을 멀리하며, 하나님의 의를 사모할 때 거기에 하나님의 다스리심이 있음을 의미합니다.

우리는 이 간구와 관련하여 하나님의 나라의 두 측면을 생각할 수 있습니다. 첫째는 주님께서 하나님을 대적하는 육체의 정욕을 성령의 능력으로 억제하신다는 것이고, 둘째는 우리의 모든 생각이 하나님의 말씀을 따르며 순종하도록 변화시키신다는 것입니다.

그런데 하나님의 나라의 극치는 그리스도께서 이 땅에 다시 오실 때에야 이루어지게 됩니다. 그날이 오면, 바울이 말하듯이 "하나님이 만유의 주로서 만유 안에 계시"(고전 15:28)게 됩니다.

하나님께서 이 간구를 명령하신 이유는 분명합니다. 하나님의 나라가 전진할 때, 우리를 이 세상의 모든 부패에서 보호하시고, 우리 안에서 육체의 소욕을 이기려는 열심을 내게 하시며, 십자가를 지고 주님을 따르게 하시려는 것입니다. 하나님께서는 이런 방식으로 그의 나라가 확장하는 것을 기뻐하십니다. 이때 우리의 겉사람은 날마다 후패하겠지만, 우리의 속사람이 날마다 새로워지고 강건해질 터이니 두려움 없이 이 길을 걸어가야 합니다(고후 4;16).

『기독교 강요』 3권 20장 42절

돌아보기

1. 하나님의 나라의 이름에 맞는 뜻을 적어 봅시다.

1) 권능의 왕국

....

....

2) 은혜의 왕국

....

....

3) 영광의 왕국

....

....

2. 다음 말씀의 괄호에 들어갈 내용은 무엇인가요?

마태복음 12:28 그러나 내가 하나님의 성령을 힘입어 귀신을 쫓아내는 것

이면 (　　　　　　　　)가 이미 너희에게 임하였느니라

골로새서 1:13-14 그가 우리를 (　　　　　)에서 건져내사 그의 사랑의 (　　　　　)로 옮기셨으니 그 아들 안에서 우리가 속량 곧 죄 사함을 얻었도다

이사야 65:17 보라 내가 (　　　　　)을 창조하나니 이전 것은 기억되거나 마음에 생각나지 아니할 것이라

 ## 나눔하기

1. 우리는 타락한 구조 아래 살아가기 때문에 인생을 살아가는 동안 어쩔 수 없이 고난을 만나면서 살게 됩니다. 각자 자신의 인생에서 가장 어려웠던 것은 무엇이고 어떻게 이겨내 왔는지 나눠봅시다.

2. 하나님의 나라를 소망하는 사람은 어떻게 살아야 할까요? 우리의 생활에서 어떻게 사는 것이 하나님의 나라를 소망하는 모습인지 각자의 생각을 나눠봅시다.

3. 3장 "나라가 임하시오며"를 공부하면서 새롭게 깨달은 내용이나 느낀 점이 있으면 나눠봅시다.

 ## 기억하기

1. 하나님의 나라란 하나님을 사랑하고 즐거워하는 백성들로 구성된 영적인 나라를 말합니다.
2. 하나님의 나라는 예수님께서 성육신하실 때 이미 땅에 임하였습니다.
3. 그러나 아직 죄와 악의 세력이 남아 있기에 우리는 하나님의 나라가 극치에 이르게 될 날을 기다립니다.
4. 예수님께서 재림하실 때 모든 악을 제거하시고 새 하늘과 새 땅을 이루실 것입니다.
5. 하나님의 백성은 이미 와 있는 하나님의 나라에 들어가서 아직 오지 않은 하나님의 나라를 소망하면서 살아갑니다.
6. 하나님의 나라에 들어가는 유일한 방법은 살아 있는 동안에 예수 그리스도의 십자가 사건을 진심으로 믿는 것입니다.

🤚 기도하기

거룩하신 하나님 아버지, 구원의 은혜에 감사하옵니다. 저희들을 거듭나게 하셔서 하나님 나라의 백성이 되게 하시고 소망이 없던 저희들이 하나님의 나라를 소망하며 살게 해 주셨습니다. 이 은혜가 얼마나 놀랍고 큰지요. 세월이 갈수록 하나님의 백성으로 살아가는 것이 가치 있고 유일한 인생임을 확인하게 됩니다. 우리 가운데 하나님 나라의 백성으로 살아가는 기쁨이 있게 해 주시고, 우리를 억압하고 어그러트리는 문제들 앞에서 좌절하거나 낙심하지 아니하고 오히려 하나님 나라의 극치를 사모하며 주님의 재림을 더욱 소망하는 저희가 되게 하여 주시옵소서. 예수님의 이름으로 기도드립니다. 아멘.

4장 · 뜻이 하늘에서 이루어진 것 같이 땅에서도 이루어지이다

 **마음 열기**

하나님의 뜻을 알고 싶을 때, 어떻게 해 왔는지 각자 자신의 경험을 나눠봅시다.

 **본문 말씀**

"뜻이 하늘에서 이루어진 것 같이 땅에서도 이루어지이다"(마 6:10).

"하나님의 뜻"이 이루어지는 것은 여러 기도 제목 중 하나가 아니라 우리 인생의 목적입니다. 하나님께서 우리를 구원하신 것은 "선한 일을 열심히 하는 자기 백성이 되게 하려 하심"(딛 2:14)입니다. 그래서 이 세 번째 간구를 드릴 때마다 우리는 "나의 인생의 의미와 목적"을 다시금 생각하는 것입니다.

 **내용 해설**

1. 하나님의 뜻이란 무엇인가요?

하나님의 뜻이란 하나님께서 원하시고 기뻐하시는 모든 계획과 일을 말합니다. 하나님의 뜻을 교리적 용어로 설명할 때 작정적 의지(작정적 뜻, decretive will)과 교훈적 의지(교훈적 뜻, preceptive will)로 나눠서 설명합니다. 하나님의 작정적 의지와 교훈적 의지는 다음과 같이 설명할 수 있습니다.

첫째, 하나님의 작정적 의지는 감추어진 하나님의 뜻입니다. 하나님께서는 창조주이고 전능자이심으로 무엇이든지 원하는 대로 행하십니다. 단순히 원하는 일을 하시는 정도가 아니라 하나님께서 계획하지 않은 일은 어떤 것도 일어나시 않습니다. 가상 작은 일에서 가장 큰 일에 이르기까지 모든 일은 하나님의 기쁘신 뜻대로 이루어집니다(잠 16:33). 하나님은 완전하시므로 하나님의 계획도 완전하고 절대로 변하지 않고(욥 23:13-14), 한 치의 오차도 없이 명령하시는 대로 이루어지게 됩니다. 시편 115:3에서는 이렇게 말씀합니다. "오직 우리 하나님은 하늘에 계셔서 원하시는 모든 것을 행하셨나이다." 이것을 하나님의 작정적 의지(decretive will)라고 합니다. 하나님의 작정적 의지는 하나님의 마음속에 있는 뜻이므로 '감추어진 비밀'입니다. 그렇기에 우리는 미리 하나님의 뜻

(미래)을 알 수도 없고, 하나님의 작정적 의지(뜻)에 대해서 감히 뭐라고 말할 수도 없습니다. 창조주 하나님의 통치권에 속한 일이지, 피조물의 영역이 아니기 때문입니다. 점을 치는 사람이나 우상숭배자의 악함이 여기에 있습니다. 그들이 미래를 알아내려는 행위는 하나님의 뜻을 구하는 것이 아니라 하나님을 거스르는 행위입니다. 하나님께서는 피조물을 창조하실 때 내일 일을 알 수 없는 존재로 창조하셨습니다. 미래의 일은 통치권자이신 하나님께 속한 일이지 피조물의 영역이 아닙니다. 다만 우리는 결과로만 하나님께서 작정하신 뜻을 알 수 있습니다.

둘째, 하나님의 교훈적 의지(뜻)은 하나님께서 피조물에게 원하시고 명령하신 뜻입니다. 교훈적 의지(preceptive will)란 하나님께서 알려 주신 하나님의 뜻입니다. 그래서 '나타난 뜻'이라고 합니다. 성경이 기록되기 전에는 선지자를 통하여 하나님의 뜻을 알려 주셨고, 이후에는 십계명과 율법들을 통해서, 그리고 사도들의 가르침과 복음으로 하나님의 기뻐하시는 바를 명확하게 알게 해 주셨습니다. 하나님께서 작정하신 일은 우리가 알 수도 없고 간섭할 수도 없지만, 하나님께서는 성경을 통해서 알려 주신 하나님의 뜻인 '교훈적 의지'는 우리가 순종할 수도 있고 불순종할 수도 있습니다. 하나님의 뜻을 이렇게 복잡하게 설명하는 것은, 성경이 두 가지를 함께 말씀하기 때문입니다. 때로는 하나님의 모든 뜻이 반드시 이루어진다고 말씀합니다(시 135:6, 엡 1:11, 단 4:35). 그런데 어떤 경우에는 하나님의 뜻대로 이루어지지 않는다고 말씀합니다(눅 7:30, 살전 4:3, 렘 26:13, 출 32:14). 왜냐하면 하나님의 감추어진 뜻은 반드시 성취되지만, 하나님께서 알려 주셔서 나타난 뜻은 사람이 순종하기도 하고 불순종하기도 하기 때문입니다.

따라서 성경을 잘 알고 성경의 교훈을 따라 사는 것이 하나님의 뜻대로 사는 것입니다. 신명기에서는 이렇게 말씀합니다. "감추어진 일은 우리 하나님 여호와께 속하였거니와 나타난 일은 영원히 우리와 우리 자손에게 속하였나니 이는 우리에게 이 율법의 모든 말씀을 행하게 하심이니라"(신 29:29). '감추어진 일'(작정적 의지)은 하나님께 속하였으니 우리가 알 수 없습니다. 내일 무슨 일을 만나게 될지 알 수 없습니다. 그러나 '나타난 일'(교훈적인 의지) 즉, 우리가 마땅히 행해야 할 하나님의 뜻은, 성경 말씀으로 우리 손에 들려 있습니다. 그래서 우리는 무슨 일을 만나든지 하나님께 속한 내일 일을 지나치게 염려할 것이 아니라, 이미 알려 주신 하나님의 말씀대로 오늘을 잘 살려고 노력해야 합니다. 이렇게 하는 것이 진정으로 하나님의 뜻을 아는 것이고, 주님의 뜻대로 사는 사람의 모습입니다.

2. "땅에서도 이루어지이다"라는 말씀은 어떤 의미인가요?

예수님께서는 "하늘에서 뜻이 이루어진 것 같이 땅에서도 이루어지기"를 기도하라고 가르쳐 주셨습니다. 여기서 '하나님의 뜻'은 하나님의 감추어진 뜻이 아니라 나타난 뜻(교훈적 의지)을 말합니다. 하늘에서는 천사들이 하나님의 뜻에 완전하게 순종합니다(시 103:19-21). 하늘에서는 단 하나의 불순종도 없으며, 기쁘게 순종하는 일만 있습니다. 이것이 하늘에서 이루어진 하나님의 뜻입니다. 이렇게 "하늘에서 뜻이 이루어진 것 같이" 우리가 사는 땅에서도 하나님의 뜻이 완전하게 이루어지기를 간구하는 것입니다. 왜냐하면, 아직 땅에는 하나님의 뜻을 대적하는 세력과 하나님의 뜻이 아니라 자기의 뜻을 따라 살고자 하는 사람들이 있기 때문입니다. 첫 사람 아담의 타락도 하나님의 뜻이 아니라 자기의 뜻대로 살기로 한 것에서 시작했습니다. 아담의 타락 이후로 모든 사람은 항상 자신의 마음이 원하는 대로만 살아왔습니다. 이것이 하나님을 거스르는 죄악입니다. 하나님의 뜻을 거스르는 세상과 하나님께 온전히 순종하지 못하는 자신의 모습을 보는 것은 하나님의 백성에게는 고통입니다. 그래서 "하나님의 뜻이 땅에서도 이루어지기를" 간구하는 것입니다.

하이델베르크 요리문답 124문에서는 세 번째 간구를 이렇게 설명합니다. "우리와 모든 사람들이 자기 자신의 뜻을 버리고, 유일하게 선하신 주님의 뜻에 불평 없이 순종하게 하옵소서." 다시 말하면, 하나님을 아버지라고 부르는 우리들이 하나님의 뜻에 온전히 순종하기를 소원하는 기도입니다. 그리고 우리뿐만 아니라 더 나아가서 모든 사람이 하나님의 뜻에 순종하기 바라며 드리는 기도입니다.

이렇게 순종하려면 '자기의 뜻'을 버려야 합니다. 내가 원하는 것과 하나님의 뜻이 맞지 않을 때는 자기의 뜻을 버리고 주님의 뜻을 따르는 자기 부인이 있어야 합니다. 주님께서는 제자들에게 이렇게 말씀하십니다. "누구든지 나를 따라오려거든 자기를 부인하고 자기 십자가를 지고 나를 따를 것이니라"(마 16:24). 자기를 부인하는 이유는 우리의 뜻이 아니라 주님의 뜻이 "유일하게 선하기" 때문입니다.

'자기의 뜻'을 버리고 '하나님의 뜻'을 따르는 일에 최고의 모범을 보이신 분은 예수님입니다. 예수님은 죄가 없으신 분입니다. 죄가 없으시니 죄악 된 생각과 왜곡된 욕망이 없는 분입니다. 예수님의 생각은 항상 선하시고, 그의 마음은 항상 아버지께 기쁨을 드렸습니다. 주님은 모든 일에 기쁨으로 순종하셨습니다. 그러나 예수님은 하나님이면서 동시에 사람이셨습니다. 모든 사람은 행복하게 살다가 평안하게 죽는 것을 원하지, 고난 속에 살다가 고통받으며 죽는 것을 원하지 않습니다. 예수님도 마찬가지입니다. 십자가를 지는 것은 만백성의 죄를 대신해서 형벌 받아야 하는 일입니다. 하나님의 무서운 진노와 만민이 받아야 할 끔찍한 지옥 형벌이 예수님의 몸과 영혼에 부어질 것을 아셨습니다. 주님은 십자가를 지기 위해서 성육신하셨지만, 인성을 따라서는 이 고통을 피하고 싶으셨습니다. 그래서 겟세마네 동산에서 아버지께 "심한 통곡과 눈물로 간구와 소원"(히 5:7)을 올리셨습니다. 그러나 하나님의 뜻대로 이루어지기를 기도하십니다. "아버지여 만일 아버지의 뜻이거든 이 잔을 내게서 옮기시옵소서 그러나 내 원대로 마시옵고 아버지의 원대로 되기를 원하나이다"(눅 22:42).

우리들도 모든 상황 앞에서 이렇게 기도를 드려야 합니다. 나의 뜻이 아니라 주님의 뜻이 이루어지는 것이, 우리의 소원이어야 합니다. 그런데 나의 뜻을 버리고 주님의 뜻을 따르는 것은 우리 스스로가 즐거움으로 할 수 있는 일이 아닙니다. 우리는 부패한 본성을 따라 우리 마음이 원하는 대로 살고 싶어 하는 성향을 가지고 있기 때문입니다. 그래서 부패한 본성을 거슬러서, 자기를 부인하고 "모든 일에 주님의 뜻을 알고 순종하고 기쁨으로 복종하게 하여 주시기를 기도하는 것입니다"(소요리 103문답).

그런데 "하나님의 뜻이 이루어지기를 원하는" 이 셋째 간구는, 둘째 간구인 "나라가 임하시오며"와 밀접한 관계를 맺고 있습니다. 하나님의 뜻이 이루어지는 것이 하나님의 나라의 특징이기 때문입니다. 주님이 재림하셔서 영광의 나라가 임할 때 비로소 하나님의 뜻은 완전히 이루어질 것입니다. 그러므로 하나님의 뜻이 땅에서 이루어지기를 기도드리는 것은, 하나님의 나라가 임하기를 소망하는 기도의 구체적인 표현이기도 합니다.

3. 우리는 어떤 마음으로 이 기도를 드려야 할까요?

"하나님의 뜻이 땅에서도 이루어지기"를 간구할 때 우리는 두 가지를 생각하면서 이 기도를 드려야 합니다.

첫째, 하나님의 뜻을 바르게 알려고 노력해야 합니다. 하나님의 뜻을 바르게 안다는 것은 성경을 바르게 아는 것입니다. 주님께서 우리에게 나타내 보여주신 하나님의 뜻은 성경 밖에는 없습니다. 오직 성경만이 우리 삶의 유일한 기준인 줄 알고 성경을 열심히 읽고 그 의미를 배우려고 노력해야 합니다. 오직 성경이란 성경 말씀 중에 한두 부분만 제비뽑기하듯 뽑아서 삶의 기준으로 삼으라는 말이 아니라 전체 성경을 말합니다. 전체 성경이 가르치는 바를 잘 깨달아야 하나님의 뜻을 바르게 알 수 있습니다. 무슨 일을 결정하든 성경이 말하는 '하나님 나라의 사상'에 맞는 선택을 하기 위해서 생각하고 기도하면서 실천해야 합니다.

둘째, 순종의 은혜를 구해야 합니다. 하나님의 뜻을 알아도 우리에게 순종할 마음과 능력이 없는 줄 알고 주님께 구해야 합니다. 다윗은 밧세바와 간음 사건 이후 회개의 기도를 올릴 때 이렇게 기도했습니다. "하나님이여 내 속에 정한 마음을 창조하시고 내 안에 정직한 영을 새롭게 하소서. 주의 구원의 즐거움을 내게 회복시켜 주시고 자원하는 심령을 주사 나를 붙드소서"(시 51:10, 12). 다윗은 자신의 심령을 새롭게 해주시고, 구원의 은혜에 감격을 주시며, 즐거운 마음으로 자원해서 주님의 뜻을 따르도록 고쳐달라고 기도하고 있습니다. 우리도 이 마음으로 기도해야 합니다. "즐거운 마음으로 자원하여 주님을 따르기 원합니다. 그렇게 고쳐 주시옵소서"라고 이 기도를 드리는 것입니다. 주님께서는 거룩하기 원하는 자에게 거룩함을 알게 해 주시고, 순종하기를 원하는 사람에게 순종할 수 있는 능력과 순종의 기쁨을 맛보게 해 주십니다.

요리문답

웨스트민스터 소요리문답

103문 : 셋째 간구로 우리는 무엇을 구합니까?

답 : "뜻이 하늘에서 이룬 것같이 땅에서도 이루어지이다"라는 셋째 간구로 우리는 하나님께서 은혜를 베풀어 주셔서 우리로 하여금 기꺼운 마음으로, 하늘에서 천사들이 하듯이, 모든 일에서 주님의 뜻을 알고 순종하고 열복(悅服)하게 하여 주시기를 구합니다.

하이델베르크 요리문답

124문 : 셋째 간구는 무엇입니까?

답 : "뜻이 하늘에서 이루어진 것같이 땅에서도 이루어지이다"로, 이러한 간구입니다. "우리와 모든 사람들이 자기 자신의 뜻을 버리고, 유일하게 선하신 주님의 뜻에 불평 없이 순종하게 하옵소서. 그리하여 각 사람이 자신의 직분과 소명을 하늘의 천사들처럼 즐거이, 그리고 충성스럽게 수행하게 하옵소서."

하나님의 뜻이 이루어지이다

셋째 간구는 "뜻이 하늘에서 이루어진 것같이 땅에서도 이루어지이다"(마 6:10)입니다. 이 기도는 하나님의 나라와 분리할 수 없지만, 우리가 무지하기 때문에 첨가하셨습니다. 우리는 하나님께서 '온 세상을 다스리신다'는 말의 의미를 바르게 이해하지 못하는 경우가 많습니다.

여기서 말하는 '하나님의 뜻'은 하나님께서 계획하신 대로 이루시는 뜻을 말하는 것이 아니라 하나님께서 명령하셨기에 순종해야 하는 '하나님의 뜻'을 말합니다. 시편에서 말씀하는 것과 같이 하늘에서는 천사들이 하나님의 말씀을 듣고 열심히 그의 명령대로 행합니다(시 103:20). 하늘에서 천사들이 하나님의 기뻐하시는 뜻을 행하며 평화와 의로움 가운데 있는 것처럼, 땅에서도 하나님을 거스르는 교만과 악이 제거되기를 기도하라는 의미입니다.

이 기도를 드릴 때 우리는 육체의 욕망을 버리기로 결심하게 됩니다. 왜냐하면 하나님의 뜻에 육체의 욕망을 굴복하지 않는 사람은 하나님을 대적하는 것이기 때문입니다. 또한 이 기도에서 우리 속에 새로운 영과 마음이 창조되기를 소원하며(시 51:10), 자기를 부인하는 노력을 계속하게 됩니다.

따라서 우리는 우리 자신을 신뢰하는 마음을 모두 버리고 전적으로 성령 하나님만 의지하는 생활을 해야 합니다. 그렇게 할 때, 하나님께서 기뻐하시는 것을 우리도 기뻐하게 되고, 하나님의 뜻과 다른 것은 무엇이든지 허망한 것으로 알고 미워하는 자들로 변하게 됩니다.

『기독교 강요』 3권 20장 43절

1. 다음 하나님의 뜻의 의미를 적어 봅시다.

1) 하나님의 '작정적 의지'(감추어진 뜻)

2) 하나님의 '교훈적 의지'(나타난 뜻)

2. 하늘에서 이루어진 하나님의 뜻과 땅에서 이루어지는 하나님의 뜻은 어떤 의미인가요?

3. 다음 말씀의 괄호에 들어갈 내용은 무엇인가요?

신명기 29:29 (   )은 우리 하나님 여호와께 속하였거니와 (   )은 영원히 우리와 우리 자손에게 속하였나니 이는 우리에게 이 율법의 모든 말씀을 행하게 하심이니라

누가복음 22:42 이르시되 아버지여 만일 (   )이거든 이 잔을 내게서 옮기시옵소서 그러나 내 원대로 마시옵고 (   ) 되기를 원하나이다 하시니

마태복음 16:24 누구든지 나를 따라오려거든 (   ) 자기 십자가를 지고 나를 따를 것이니라

 나눔하기

1. 하나님의 뜻에는 하나님께서 우리에게 주신 사명도 포함됩니다. 하나님께서 나에게 주신 은사와 사명을 나눠보고, 나의 생활에서 하나님의 뜻을 이루기 위해서 실천할 것이 있으면 나눠봅시다.

2. 지금까지 신앙생활을 해 오면서 하나님께 기도를 드리고 응답받은 내용을 나눠봅시다. 그리고 아직도 응답받지 못한 기도에는 어떤 것이 있는지 나눠봅시다.

....

....

3. 4장 "뜻이 하늘에서 이루어진 것 같이 땅에서도 이루어지이다"를 공부하면서 새롭게 깨달은 내용이나 느낀 점이 있으면 나눠봅시다.

....

....

 ## 기억하기

1. 하나님의 감추어진 뜻(작정적 의지)은 반드시 이루어지는 하나님의 계획이며, 우리는 다만 결과로만 하나님의 뜻을 알 수 있을 뿐입니다.
2. 하나님의 나타난 뜻(교훈적 의지)는 하나님께서 우리에게 원하시고 명령하시는 뜻으로 성경말씀을 통해 가르쳐 주셨습니다.
3. "하늘에서 이루어진 하나님의 뜻"이라는 말씀은 하늘에서는 모든 천사가 하나님께 완전하게 순종하고 있다는 의미입니다.
4. "땅에서도 하나님의 뜻이 이루어지기를 기도하는 것"은 우리와 모든 사람이 하나님의 나타난 뜻에 완전하게 순종하는 것을 말합니다.

5. 땅에서 뜻이 이루어지는 것은 우리의 힘으로 할 수 있는 것이 아니라 하나님
   께서 하실 수 있는 일이기에 이 기도를 드립니다.

 ## 기도하기

하나님 아버지 구원의 은혜에 감사합니다. 하나님의 크신 사랑과 그리스도의
은혜를 생각하면 무슨 일을 만나든 기쁨으로 순종해야 하는데 그러지 못하는
저희의 모습을 자주 보게 됩니다. 이런 저희를 불쌍히 여겨주옵시고 날마다 새
마음을 주셔서 주님의 뜻을 자원하여 따르게 해 주시옵소서. 그리고 구원의 감
격과 기쁨이 늘 있게 하여 주셔서 고단함과 피곤함으로 주님을 따르는 것이 아
니라 감격과 기쁨 가운데 주께서 주신 인생을 살아가는 저희들이 되게 해 주시
옵소서. 예수님의 이름으로 기도드립니다. 아멘.

5장 | 오늘 우리에게 일용할 양식을 주시옵고

 **마음 열기**

최근에 가정이나 자기 자신에게 가장 필요하다고 생각되는 것이나 조금 더 좋아지기를 바라는 부분이 있다면 어떤 것이 있는지 나눠봅시다.

 **본문 말씀**

"오늘 우리에게 일용할 양식을 주시옵고"(마 6:11)

우리가 "일용할 양식을 주시옵소서"라고 기도할 수 있는 이유는 하나님이 우리의 아버지이기 때문입니다. 하늘에 계신 아버지께서는 자녀에게 필요한 것을 정확하게 아시고 우리가 간구할 때 돌아보시고 베풀어 주십니다.

 ## 내용 해설

1. 하나님께서 사람을 창조하신 이유는 무엇인가요?

하나님께서 사람을 창조하신 이유는 하나님의 영광을 위해서입니다. 하나님은 피조물이 없다고 해서 무엇이 부족한 분도 아니시고, 피조물이 있다고 해서 더 완전해지는 분도 아닙니다. 하나님은 홀로 완전하셔서 항상 최고의 행복 가운데 계시며, 무한한 영광 가운데 계시고, 모든 것이 완전하게 충족한 분입니다. 하나님께서는 하나님만으로도 충분하시지만, 사람을 창조하셔서 하나님이 어떤 분인지 나타내기를 기뻐하셨습니다. 하나님께서 창조하실 때, 사람에게 두 가지 큰 특징을 주셨습니다.

첫째, 하나님의 형상으로 창조하셨습니다(창 1:27). 하나님의 형상으로 창조하셨다는 것은 하나님을 닮아서 하나님을 나타내 보이는(represent) 존재로 만드셨다는 의미입니다. 하나님의 성품이 사람에게도 보이게 하신 것입니다. 하나님이 거룩하시고 의로우신 것처럼, 사람도 의와 진리와 거룩함이 있게 하시고, 하나님을 닮아서 인격과 지성과 감정과 도덕성, 창조하는 재능을 갖게 해 주셨습니다. 그리고 물질로 이루어진 몸을 주셨습니다. 하나님은 영이시니, 몸이 없습니다. 하지만 하나님의 성품을 닮은 특징들이 몸을 통해 표현된다는 점에서 사람의 몸도 하나님의 형상이라고 할 수 있습니다. 그래서 하나님의 형상은 사람이 갖는 독특한 특성이라고 할 수 있습니다. 하나님께서는 왜 이렇게 사람을 창조하셨을까요? 하나님을 나타내 보이는 피조물을 원하셨기 때문입니다. 부모의 기쁨을 생각해 볼 수 있습니다. "자녀를 낳았는데 아이의 얼굴이 엄마, 아빠를 닮았습니다. 그런데 얼굴뿐만 아니라 모든 면에서 엄마, 아빠를 닮아서 기쁨을 줍니다. 말하는 것도, 행동하는 것도, 공부하는 것도, 부모의 마음에 쏙 든다면 얼마나 기쁠까요?" 하나님께서 사람을 하나님의 형상으로 창조하신 것도 마찬가지입니다. 하나님을 닮아서 하나님께서 기뻐하시는 생각을 하고, 하나님께서 기뻐하시는 일을 합니다. 그래서 누구든지 하나님의 형상인 사람을 볼 때마다 하나님을 생각하고 하나님을 찬송하게 됩니다. 이것이 하나님 아버지의 기쁨입니다. 하나님께서는 하나님을 닮은 사람들이 땅 위에 흩어져서 보석처럼 반짝이며 사는 것을 원하셨습니다. 사람은 이렇게 살아갈 때 비로소 창조의 목적에 맞는 인생을 사는 것이고, 하나님을 영화롭게 하는 것입니다.

둘째, 몸과 영혼으로 창조하셨습니다. 창세기 2:7에서는 이렇게 말씀합니다. "여호와 하나님이 땅의 흙으로 사람을 지으시고 생기를 그 코에 불어 넣으시니 사람이 생령이 되니라." 먼저 흙으로 몸을 만드시고, 영혼을 창조해 주셨습니다. 여기서 "생령"이라는 말씀은 '살아 있는 존재'(living being), 즉 살아 움직이는 존재가 되었다는 의미입니다. 따라서 사람은 몸만 있어서는 온전한 사람이 아니고, 영혼만 있어서도 온전한 사람이 아닙니다. 하나님께서 사람을 지으실 때, 물질과 영으로 구성된 특별한 존재로 창조하셨습니다. 사람은 몸과 영혼이 함께 있어야지만 완전한 사람입니다. 그래서 우리는 몸과 영혼이 분리된 상태로 하늘에서 영원히 사는 것을 소망하는 것이 아니라 마지막 날에 우리의 몸이 부활할 것을 소망합니다.

하나님께서는 사람을 하나님의 형상으로 창조하셨습니다. 이렇게 창조하신 이유는 하나님의 영광을 위해서 살게 하기 위함입니다. 그래서 주기도문의 앞부분의 세 개의 간구는 하나님의 나라와 관계된 기도를 합니다. "이름이 거룩히 여김을 받으시며", "나라가 임하시오며", "뜻이 이루어지이다." 그런데 우리가 '하나님의 나라와 그의 영광'을 위해서 살아가려면, 하나님께서 날마다 우리에게 먹을 것과 쓸 것을 공급해 주서야지만 가능합니다. 왜냐하면 우리는 물질인 몸과 영혼을 지니고 있기 때문입니다. 그래서 뒷부분 세 개의 간구에서는 "일용할 양식을 주옵소서"하고 우리 몸의 필요를 위한 간구를 드리고, "죄를 사하여 주옵소서"하며 우리 영혼을 위한 간구를 드립니다. 그리고 하나님의 백성답게 살아가기 위해서 "시험에 들게 하지 마시옵고, 다만 악에서 구하여 주시옵소서" 하고 간구하는 것입니다.

2. "오늘 우리에게 일용할 양식을 주시옵고"라는 말씀의 의미는 무엇인가요?

"오늘 우리에게 일용할 양식을 주시옵소서"라는 간구는 하루하루 살아가는데 필요한 모든 것을 하나님께 구하라는 말씀입니다. 여기서 "오늘 일용할"이란 말씀은 "매일 필요한 것"이라는 의미입니다. 그런데 "오늘 일용할 양식"을 구하라고 하셨다고 해서 단순히 오늘 하루에 필요한 것만 구하고, 내일 필요한 것은 내일 기도하라는 의미는 아닙니다. 기도는 매일 따로 시간을 내어서 그리고 매 순간 드리는 것입니다. 우리는 필요한 모든 것을 수시로 하나님께 간구해야 합니다. 오늘 하루 동안 필요한 것만 기도하고 마는 것이 아니라 내일 일을 위해서도 오늘 기도해야 합니다. 이렇게 간구하는 하나님의 백성에게 하나님께서는 매일매일 살아가는데 필요한 모든 것을 내려 주시고 보살펴 주십니다. 또 "양식"이라는 말씀은 단순히 먹을 것만 의미하는 것이 아니라 생존에 필요한 모든 것을 대표해서 "양식"으로 표현하셨습니다. 칼뱅은 이렇게 말합니다. "이 간구를 통해서 우리는 이 세상을 살아가는데 필요한 모든 것을 하나님께 구합니다. 단순히 음식과 옷 등의 물질적인 것뿐만 아니라 우리가 살아가는 동안에 유익하다고 판단되는 모든 것을 하나님께 간구합니다"(『기독교 강요』3.20.44).

사람은 육체를 가지고 있기에 육체가 살아 있어야 활동할 수 있습니다. 그리고 살아 있어도 평안해야 더 의미 있게 일을 할 수 있습니다. 당장 오늘 하루를 사는데 고통이 가득하다면 적극적으로 하나님의 나라를 위해서 일하는 것이 어렵습니다. 예수님께서는 우리의 이런 연약함을 잘 아시기에 생활을 위해서 필요한 모든 것을 간구하라고 가르쳐 주셨습니다. 주님께서 이렇게 기도하라고 말씀해 주셨으니, 여기에는 이미 응답해 주시겠다는 약속이 들어 있는 것입니다. 주님의 약속이 있으니 우리는 주실 것을 믿고 기대하며 기도할 수 있습니다. 이것이 우리에게 큰 기쁨이고 감사입니다. 왜냐하면 우리가 받아 누리는 모든 것은 당연히 있는 것이 아니라 하나님께서 값없이 주시는 선물이기 때문입니다(약 1:17). 그래서 소요리문답 104문에서 이렇게 말합니다. "우리는 이생의 좋은 것들 가운데서 충분한 분깃을 하나님의 값없이 주시는 선물로 받고, 그와 아울러 하나님의 복 주심 누리기를 구합니다".

소요리문답은 이 간구가 우리가 살아가는데 필요한 "좋은 것들" 뿐만 아니라 "그와 아울러 하나님의 복 주심 누리기를 구하는 것"이라고 합니다. 우리가 잘 살아가려면 물질뿐만 아니라 우리의 모든 일에 하나님의 복 주심이 있어야만 합니다. 하나님께서 우리의 생활에 복을 주시지 않으면 우리가 경영하는 모든 것이 헛되게 되고, 물질의 풍부함도 아무런 유익이 될 수 없기 때문입니다. 시편 127:1절에서 이렇게 말씀합니다. "여호와께서 집을 세우지 아니하시면 세우는 자의 수고가 헛되며 여호와께서 성을 지키지 아니하시면 파수꾼의 깨어 있음이 헛되도다" 그래서 우리가 "오늘 일용할 양식을 주시옵고" 하고 기도하는 것은 하나님께서 우리가 사는 동안 필요한 모든 것들을 채워주시며 또한 복을 주셔서 그것을 누리게 해 주시기를 기도하는 것입니다.

3. 우리는 어떤 마음으로 이 기도를 드려야 할까요?

"오늘 우리에게 일용할 양식을 주시옵고"라고 간구할 때 우리는 두 가지를 생각하면서 이 기도를 드려야 합니다.

첫째, 하나님만 의지하며 살겠다는 다짐이 있어야 합니다. 사람은 자신의 소유나 자신의 능력을 의지하며 살기 쉽습니다. 하나님을 섬기면서도 자신의 능력으로 감당하기 어려운 일만 하나님께 기도하고, 다른 일은 자신의 힘으로 하는 경우가 많습니다. 그런데 사람은 하나님의 도우심 없이는 생존할 수 없습니다. 물 한 모금, 한 끼의 식사도 하나님께서 공급해 주셔야 얻을 수 있고, 그것을 먹을 수 있는 건강을 주셔야 취할 수 있습니다. 내 힘으로 행하는 작은 일도 하나님의 은혜로 가능하다는 것을 알기에 성도는 모든 일에 진심으로 감사할 수 있습니다. 그래서 "우리에게 일용할 양식을 주시옵소서"라고 기도드릴 때마다, 우리는 "하나님 없이는 살 수 없습니다"라고 신앙고백을 하는 것입니다.

둘째, 탐욕을 버려야 합니다. "일용할 양식"을 구하라는 말씀에는 필요한 만큼만 구하라는 의미가 들어 있습니다. 사람은 타락한 이후에 과도하게 재물을 쌓아 두려는 성향을 갖게 되었습니다. 재물이 자신의 안전을 보장해 준다고 생각하기 때문입니다. 부유하거나 가난한 것은 자랑할 일도 아니고, 부끄러운 일도 아닙니다. 그러나 자신의 소유를 의지하는 것은 하나님을 섬기는 것이 아니며, 육체의 욕망을 채우기 위해서 물질을 구하는 것은 탐심입니다. 그러므로 "일용할 양식"을 구할 때마다 탐욕을 버리고 자신에게 꼭 필요한 만큼 간구해야 합니다. 하늘에 계신 아버지께서는 우리가 기도할 때 응답해 주시겠다고 약속하셨지만, 우리의 탐욕을 채워주겠다고 약속하지 않으셨습니다. 그래서 구약의 성도는 이렇게 기도합니다. "나를 가난하게도 마옵시고 부하게도 마옵시고 오직 필요한 양식으로 나를 먹이시옵소서"(잠 30:8). 하나님께서 우리에게 주신 응답의 약속은 우리의 탐욕을 채워주시겠다는 약속이 아닙니다. "하나님의 나라와 그의 영광을 위해서 살아가려면 이런 것이 필요합니다."라고 기도할 때 아버지께서 우리를 돌아보시고 우리의 필요를 채워주시겠다는 약속입니다.

요리문답

웨스트민스터 소요리문답

104문 : 넷째 간구로 우리는 무엇을 구합니까?

답 : "오늘날 우리에게 일용할 양식을 주옵소서"라는 넷째 간구로 우리는 이생의 좋은 것들 가운데서 충분한 분깃을 하나님의 값없이 주시는 선물로 받

고, 그와 아울러 하나님의 복 주심 누리기를 구합니다.

하이델베르크 요리문답

125문 : 넷째 간구는 무엇입니까?

답 : "오늘날 우리에게 일용할 양식을 주옵소서"로 이러한 간구입니다. "우리의 몸에 필요한 모든 것들을 내려 주시며, 그리하여 오직 주님이 모든 좋은 것의 근원임을 깨닫게 하시고, 주님의 복 주심이 없이는 우리의 염려나 노력, 심지어 주님의 선물들조차 우리에게 아무 유익이 되지 못함을 알게 하옵소서. 그러므로 우리로 하여금 어떤 피조물도 의지하지 않고 오직 주님만 신뢰하게 하옵소서."

✛ ✛

 **기독교 강요**

일용할 양식을 주시옵고

넷째 간구는 "오늘날 우리에게 일용할 양식을 주시옵고"(마 6:11)입니다. 이 간구를 통해서 우리는 이 세상을 살아가는 데 필요한 모든 것을 하나님께 구합니다. 단순히 음식과 옷 등의 물질적인 것뿐만 아니라 우리가 살아가는 동안에 유익하다고 판단되는 모든 것을 하나님께 간구합니다.

어떤 사람들은 하나님의 영적인 자녀인 우리가 땅의 걱정거리들에 관심을 두고 하나님에게까지 구하는 것은 합당하지 않다고 말합니다. 이런 주장은 "경건은 범사에 유익하니 금생과 내생에 약속이 있느니라"(딤전 4:8)는 말씀을 믿지 않는 것입니다. 오히려 우리 주님은 "일용할 양식을 구하라"고 하셨습니다. 여기서 "오늘날"이라는 표현과 "일용할"이라는 형용사는 곧 사라지게 될 것들에 대한 우리의 무분별한 욕망을 억제합니다.

우리는 소유가 풍부해지면 쾌락과 오락과 방탕으로 흐르기 쉽습니다. 그렇기에 주께서는 하루, 하루 쓰기에 충분할 만큼만 구하라고 말씀합니다. 우리는 이 말씀을 따라서 하나님께서 오늘 먹을 수 있게 해주셨으니, 내일도 그렇게 하실 것이라고 확신하며 구할 수 있습니다.

또 우리가 "일용할 양식을 구한다"는 것은 그 양식이 하나님의 선물임을 의미합니다. 우리가 보기에 우리의 노력과 기술의 결과로 얻은 것 같이 보이는 것들도 사실은 하나님의 선물입니다. 왜냐하면 우리가 노력해서 만든 결과도 하나님께서 복을 주셔서 얻은 것이기 때문입니다.

『기독교 강요』 3권 20장 44절

 **돌아보기**

1. 다음 말씀의 의미는 무엇인가요?

1) 하나님의 형상

2) 일용할 양식

2. 하나님께서 사람을 창조하신 목적은 무엇인가요?

3. 다음 말씀의 괄호에 들어갈 내용은 무엇인가요?

요한복음 15:7 너희가 내 안에 거하고 (   ) 너희 안에 거하면 무엇이
든지 원하는 대로 구하라 그리하면 이루리라

히브리서 13:5 (   )을 사랑하지 말고 있는 바를 족한 줄로 알라 그가 친히
말씀하시기를 내가 결코 너희를 (   ) 아니하고 너희를 (   ) 아니
하리라 하셨느니라

신명기 8:3 너를 낮추시며 너를 주리게 하시며 또 너도 알지 못하며 네 조

상들도 알지 못하던 만나를 네게 먹이신 것은 사람이 (　　)으로만 사는 것
이 아니요 여호와의 입에서 나오는 (　　　　　)으로 사는 줄을 네가 알게
하려 하심이니라

 **나눔하기**

1. 하나님께 기도한다는 것은 우리가 하나님을 의지하고 살고 있다는 믿음의
   표현이기도 합니다. 그런데 우리는 다른 것을 의지하기 쉽습니다. 재물이 될
   수도 있고, 가족이 될 수도 있고, 친구가 될 수도 있습니다. 각자 자신이 많이
   의지하는 것이 있다면 나눠봅시다.

2. 우리가 가진 모든 것은 하나님께서 주신 선물입니다. 물론, 우리가 받은 최고
   의 선물은 구원의 은혜입니다. 구원의 은혜 다음으로 내가 받은 최고의 선물
   은 무엇인지 나눠봅시다.

3. 5장 "오늘 우리에게 일용할 양식을 주시옵고"를 공부하면서 새롭게 깨달은
   내용이나 느낀 점이 있으면 나눠봅시다.

 **기억하기**

1. 하나님께서는 하나님의 영광을 위해서 사람을 창조하셨습니다. 따라서 사람
   이 먹고 마시고 활동하는 모든 일도 하나님의 영광을 위해서 살아갈 때 비로
   소 참된 의미를 갖게 됩니다.

2. 하나님께서 사람을 창조하실 때 두 가지 특징을 주셨는데, 첫째는 하나님의
   형상으로 창조하신 것이고, 둘째는 몸과 영혼을 지닌 사람으로 창조하셨다
   는 것입니다.

3. 하나님께서는 하나님의 영광을 위해서 사람을 하나님의 형상으로 창조하셨
   습니다. 하나님의 형상으로 창조하셨다는 것은 하나님을 닮아서 하나님을
   나타내 보이는 존재로 창조하셨다는 말씀입니다.

4. 사람은 몸을 가지고 있기 때문에 살아가는 데에 반드시 "일용할 양식"이 필요
   합니다.

5. 예수님께서 우리에게 "일용할 양식"을 구하라고 말씀하신 것은 우리가 살아
   가는 동안 필요한 것을 기도할 때 응답해 주시겠다는 약속이기도 합니다.

6. "일용할 양식을 주시옵소서"하고 기도하는 것은 하나님의 도우심이 없으면
   살 수 없다는 신앙고백입니다. 이 기도를 바르게 드리는 사람은 하나님만 의

지하며 살겠다고 매 순간 결단하는 사람입니다.

 **기도하기**

하나님 아버지 은혜에 감사합니다. 주님께서 일용할 양식을 구하라고 말씀하신 대로 매일 아버지 앞에 나아가 저희의 쓸 것과 마음의 소원을 하나님께 아룁니다. 저희를 불쌍히 여기셔서 생활에 궁핍함이 없게 해 주시고, 모든 염려를 다 내려놓고 아버지께서 주시는 평안함 가운데 쉬게 해 주시옵소서. 주께서 가르쳐 주신 기도를 공부할 때마다 인생의 참된 목적을 배우고 어떻게 살아야 할지 생각하게 됩니다. 부질없는 욕망에 사로잡혀 인생을 낭비하지 아니하고 하나님의 영광을 위하여 기쁨으로 살아가는 종이 되게 해 주시옵소서. 예수님의 이름으로 기도드립니다. 아멘.

6장 | 우리 죄를 사하여 주옵시고

 **마음 열기**

우리는 다른 사람에게 상처를 주기도 하고 상처를 받기도 합니다. 사람에 따라서 더 예민한 부분이 있기 마련입니다. 어떤 말이나 행동에 더 상처받거나 예민해지는지 자신의 경험을 나눠봅시다.

본문 말씀

"우리가 우리에게 죄 지은 자를 사하여 준 것 같이 우리 죄를 사하여 주시옵고"(마 6:12).

예수님께서는 제자들에게 기도를 가르쳐 주시면서 날마다 회개하라고 말씀해 주셨습니다. 그런데 "우리에게 죄 지은 자를 사하여 준 것 같이"라는 말씀을 붙여 주심으로 우리가 하나님께 받은 사랑을 어떻게 다른 사람에게 실천할지 가르쳐 주고 계십니다.

 ## 내용 해설

1. 사람이 죄 사함을 받는 유일한 방법은 무엇인가요?

사람이 죄 사함을 받는 유일한 방법은 예수 그리스도를 믿는 것입니다. 예수님을 믿는다는 것은 예수님은 '누구신가?' 그리고 예수님이 '하신 일은 무엇인가?' 이 두 가지를 믿는 것입니다.

첫째, 예수님은 누구신가요? 예수님은 하나님이시면서 동시에 죄가 없는 완전한 사람입니다. 이 사실을 믿어야 합니다. 예수님은 성부 하나님과 동일본질을 가지신 성자 하나님이시면서 동시에 죄가 없는 완전한 사람입니다. 예수님은 신성과 인성을 가지신 분입니다. 신성을 가지셨다는 것은 하나님의 모든 속성을 가진 하나님이라는 의미입니다. 예수님은 무한하시며, 완전하시며, 전지전능하시며, 가장 높고 거룩하신 창조주 하나님입니다. 동시에 예수님은 완전한 사람입니다. 예수님은 사람의 육체와 사람의 영혼을 가지셨습니다. 예수님의 육체는 사람이고 영혼은 하나님이라고 생각하는 것을 틀린 생각입니다. 예수님의 육체와 마찬가지로 영혼도 피조물입니다. 그래서 예수님께서는 고통당하시고, 슬퍼하시고, 음식을 못 드시면 시장하셨습니다. 예수님은 신성을 따라서는 완전한 하나님이시고 인성을 따라서는 완전한 사람입니다.

그런데 왜 하나님이 직접 성육신하셨을까요? 하나님께서 직접 사람으로 오신 이유는 하나님만이 만백성의 죄를 대신해서 하나님의 진노를 감당할 수 있기 때문입니다(히 10:12). 만일, 예수님이 하나님이 아니라 단지 사람이었다면 다른 사람의 죄를 대신할 수 없습니다. 왜냐하면 피조물은 창조주 하나님께 지은 죄를 갚을 방법도 없고, 갚을 수도 없기 때문입니다. 유일한 방법은 하나님께서 친히 죗값을 대신 갚아 주시는 것입니다. 그래서 하나님이 사람으로 성육신하셨습니다. 죄를 지은 사람을 대표하기 위해서 완전한 사람으로 오셨고, 하나님의 진노를 담당하기 위해서 하나님이 친히 오셨습니다. 예수님을 믿는다는 것은 예수님이 하나님이시면서 완전한 사람이라는 것을 믿는 것입니다.

둘째, 예수님이 하신 일은 무엇인가요? 예수님은 나의 죄를 대신해서 십자가에서 죽으시고 부활하셨습니다. 이 사실을 믿어야 합니다. 예수 그리스도께서 십자가에서 죽으셨습니다. 죄 없으신 주님이 십자가에서 형벌 받아 죽으신 것은 만백성의 죄를 대속하기 위한 대리 속죄였습니다. 주님은 우리가 받아야 할 지옥 형벌을 대신 받았고, 우리가 받아야 할 하나님의 진노를 대신 담당하셨습니다(사 53:4-6). 누구든지 이 사실을 진심으로 믿으면 그 사람은 모든 죄 사함을 받습니다. 아무리 큰 죄인이라도 아무리 많은 죄를 지은 사람일지라도 예수 그리스도의 보혈로 용서받지 못할 죄는 없습니다. 그런데 예수님은 2,000년 전 과거에 팔레스타인 지방 골고다 언덕에서 돌아가셨는데 어떻게 지금 믿는 사람에게도 죄 사함의 효과가 나타날 수 있는 것일까요? 그 이유는 예수님의 십자가가 영적인 사건이기 때문입니다. 예수님께서 십자가에서 하나님의 진노를 풀어드리고, 공의를 만족해 드렸습니다. 그렇기에 십자가 대속의 효과는 영원합니다. 시대와 공간에 상관없이 누구든지 예수님을 믿으면 모든 죄 사함을 받습니다.

그런데 모든 죄를 용서받았다면 왜 계속해서 회개하는 것일까요? 우리는 예수님을 믿을 때 과거에 지은 죄와 지금 짓는 죄와 미래에 지을 죄까지 모두 용서받았습니다. 모든 죄를 용서받았기에 성도는 범죄해도 더이상 형벌 받지 않으며, 구원이 취소되지도 않습니다. 우리는 법적으로 모든 죄의 사면을 받았기 때문입니다. 그러나 성도가 범죄할 때, 법적으로는 아무 문제가 없어도 하나님과의 관계에는 문제가 일어납니다.

부모와 자녀의 관계를 생각하면 좋습니다. 어린 자녀가 아무리 많은 죄를 짓고 아버지의 말을 듣지 않아도 아버지와 자녀라는 천륜 관계(법적인 관계)는 절대로 깨지지 않습니다. 그러나 자녀가 잘못하면 아버지는 자녀를 위해서 화를 내기도 하고, 때로는 엄하게 징계하기도 합니다. 자녀가 아버지의 사랑을 다시 회복하는 방법은 잘못을 뉘우치고 진심으로 용서를 구하는 것입니다.

우리가 계속해서 회개하는 이유도 마찬가지입니다. 우리는 이미 하나님의 자녀입니다. 이 사실은 영원히 변하지 않습니다. 그러나 우리가 죄를 지으면, 하나님 아버지를 거스르는 것이 됩니다. 죄는 하나님의 사랑을 누리지 못하게 합니다. 죄는 아버지와 함께하는 기쁨을 모두 빼앗아 가며 때로는 고통스러운 시련과 고난(사랑의 징계)을 경험하게 합니다. 더 무서운 것은 죄는 성도를 성도답게 살지 못하게 한다는 점입니다. 그래서 성도는 죄를 지을 때마다 하나님께 회개하며, 날마다 자신을 돌아보고 아버지의 용서를 구합니다. 회개는 우리를 하나님의 사랑 안에 머물게 하며 점점 더 하나님의 자녀다운 사람으로 만들어 줍니다.

2. "우리가 우리에게 죄 지은 자를 사하여 준 것 같이"라는 말씀의 의미는 무엇인가요?

"우리가 우리에게 죄 지은 자를 사하여 준 것 같이"라는 말씀은 '우리가 하나님께 용서받은 증거로 우리도 다른 사람의 잘못도 용서하오니'라는 말씀입니다. 예수님께서 제자들에게 기도를 가르쳐 주시면서 날마다 회개하라고 말씀하셨습니다. 그런데 "우리 죄를 사하여 주시옵고"라고 간구할 때 "우리가 우리에게 죄 지은 자를 사하여 준 것 같이"라는 말씀을 붙여 주셨습니다. 이 말씀은 마치 우리가 다른 사람의 잘못을 용서해야지만 하나님께서 우리의 죄를 용서하신다는 말씀처럼 보입니다. 마가복음에서도 비슷한 말씀을 하십니다. "서서 기도할 때 아무에게나 혐의가 있거든 용서하라 그리하여야 하늘에 계신 너희 아버지께서도 너희 허물을 사하여 주시리라"(막 11:25). 이 말씀은 우리의 죄를 용서해 주시는 조건을 말씀하신 것이 아니라 이미 용서받은 제자들이 어떻게 살아야 하는지 삶의 태도를 말씀해 주신 것입니다. 하나님께서 우리의 억만 죄를 용서해 주셨습니다. 용서의 큰 은혜를 받은 사람은 자신이 받은 용서를 생각하면서 다른 사람의 죄도 용서하는 것이 마땅합니다.

베드로가 주님께 나와서 "형제가 내게 범죄하면 몇 번이나 용서하여 주리이까?"(마 18:21)하고 질문합니다. 이에 주님께서 "만 달란트 빚진 자"의 비유로 우리가 다른 사람을 용서하는 것이 얼마나 당연한 일인지 설명해 주셨습니다. "어떤 임금이 만 달란트 빚진 자를 불쌍히 여겨서 그의 모든 빚을 탕감해 줍니다. 이 사람은 자신은 도저히 갚을 수 없는 빚을 탕감받았으나 정작 자신에게 백 데나리온 빚진 자는 용납하지 않고 옥에 가둬버리고 맙니다. 이 소식을 들은 임금이 '내가 너를 불쌍히 여김같이 너도 네 동료를 불쌍히 여김이 마땅하지 아니하냐'하고서 만 달란트 탕감해 준 자를 옥에 가둡니다"(마 18:24-34).

예수님께서 이 비유를 말씀하시고 이렇게 말씀하십니다. "너희가 각각 마음으로부터 형제를 용서하지 아니하면 나의 하늘 아버지께서도 너희에게 이와 같이 하시리라"(마 18:35). 일만 달란트란 누구도 갚을 수 없는 천문학적인 금액입니다. 자신이 도저히 갚을 수 없는 큰 빚을 탕감받았다면, 자신에게 작은 빚진 자를 탕감해 주는 것은 마땅한 일입니다. 우리도 마찬가지입니다. 하나님께서 우리의 억만 죄를 용서해 주셨습니다. 우리의 죄가 얼마나 크고 많은지 하나님의 아드님을 대신 내어주서야지만 해결할 수 있었습니다. 그렇게 큰 용서를 받았다면 우리도 다른 사람을 용서하는 것이 마땅합니다. 성도는 자신이 하나님께 받은 용서를 기억하면서 그 증거로 다른 사람을 용서하며 사는 사람입니다.

주기도문의 다섯째 간구는 이런 기도입니다. "하나님께서 주신 구원의 은혜에 감사하며 저에게 잘못한 사람을 용서하려고 노력합니다. 그러나 여전히 죄를 짓고 사는 저를 또 발견하오니 불쌍히 여겨주서서 예수의 피로 씻어 주시고 용서해 주시옵소서." 그런데 다른 사람을 용서하는 것은 쉬운 일이 아닙니다. 막상 나에게 큰 손해와 아픔을 준 원수를 내 몸같이 사랑한다는 것은 연약한 인간이 감당하기 어려운 일입니다. 주님께서도 우리를 잘 아시기에 우리에게 하나님의 수준으로 용서하라고 요구하지 않으십니다. 우리는 원수를 위해서 우리의 자녀를 내어줄 수 없고, 우리 가족을 해한 사람을 집에 데리고 와서 가족처럼 지낼 수도 없습니다. 우리는 그렇게 할 수 없고, 그렇게 하는 것이 꼭 옳은 것도 아닙니다. 우리는 다만 우리의 수준에서 사랑하고 용서합니다. 그래서 하이델베르크 요리문답에서는 이렇게 말합니다. "우리가 이웃을 용서하기로 굳게 결심하는 것처럼" 먼저는 하나님께서 우리에게 주신 은혜를 생각하며, 마음으로 용서하려고 계속해서 결심하는 것입니다.

우리가 하나님께 용서받은 사람이라는 큰 증거로 우리도 다른 사람을 용서하는 것입니다. 다른 사람을 불쌍히 여기는 사람을 하나님께서도 불쌍히 여겨주십니다. 그렇기에 우리는 날마다 우리의 죄를 회개하며 다른 사람의 잘못도 용서하려고 노력하는 것입니다.

3. 우리는 어떤 마음으로 이 기도를 해야 할까요?

"우리의 죄를 사하여 주옵시고"라고 간구할 때 우리는 두 가지를 생각하면서 이 기도를 드려야 합니다.

첫째, 하나님 아버지께서 우리를 얼마나 사랑하시는지 생각해야 합니다. 하나님의 사랑이 얼마나 큰지 우리는 잘 알고 있습니다. 아들을 주시기까지 우리를 사랑하셨습니다. 그런데 우리가 죄를 짓는 것은 아버지의 그 사랑을 배반하는 것입니다. 회개란 벌 받는 것이 무서워서 하는 것이 아니라, 하나님의 사랑을 배반한 것에 마음 아파하며 하나님께로 돌이키는 것입니다. 우리는 이런 마음이 없을 때도 '죄를 짓고도 아파하는 마음이 없는 자신을 보며' 더욱 탄식하며 성령님께서 간구해야 합니다. 이런 기도가 진실한 회개입니다. 요한일서에서는 이렇게 말씀합니다. "만일 우리가 우리 죄를 자백하면 저는 미쁘시고 의로우사 우리 죄를 사하시며 우리를 모든 불의에서 깨끗하게 하실 것이요"(요일 1:9). 이런 마음으로 자신의 죄를 자백하는 사람을 하나님께서는 불쌍히 여겨주시고 용서해 주십니다.

둘째, 아직 용서하지 못한 사람이 있다면 용서하려고 결심하고 그를 위해 기도해야 합니다. 우리가 할 수 있는 소극적인 용서는 복수하지 않는 것이고, 적극적인 용서는 그를 위해 기도해 주는 것입니다. 마음의 상처가 떠오를 때, 하나님께서 나를 불쌍히 여겨주시고, 해를 가한 그 사람을 불쌍히 여겨달라고 기도해야 합니다. 우리가 이렇게 할 때, 하나님께서 우리의 마음에 자유를 주시고 우리를 불쌍히 여겨주십니다. 우리는 만나는 모든 사람을 위해서 기도해야 하지만 특별히 원수를 위해서 기도합니다. 왜냐하면 우리가 하나님과 원수였을 때, 하나님께서 우리를 불쌍히 여겨주셨기 때문입니다.

 **요리문답**

웨스트민스터 소요리문답

105문 : 다섯째 간구로 우리는 무엇을 구합니까?

답 : "우리가 우리에게 죄지은 자를 사하여 준 것같이 우리의 죄를 사하여 주옵소서"라는 다섯째 간구로 우리는 하나님께서 그리스도를 보시고 우리의 모든 죄를 값없이 용서하여 주시기를 구합니다. 주님의 은혜로 말미암아 우리가 다른 사람들을 진심으로 용서할 수 있기 때문에 더욱 담대히 그렇게 구할 수 있습니다.

하이델베르크 요리문답

126문 : 다섯째 간구는 무엇입니까?

답 : "우리가 우리에게 죄지은 자를 사하여 준 것같이 우리 죄를 사하여 주옵소서"로, 이러한 간구입니다. "주의 은혜의 증거가 우리 안에 있어서 우리가 이웃을 용서하기로 굳게 결심하는 것처럼, 그리스도의 보혈을 보시사 우리의 모든 죄과(罪過)와 아직도 우리 안에 있는 부패를 불쌍한 죄인인 우리에게 돌리지 마옵소서."

우리의 죄를 사하여 주시옵고

다섯째 간구는 "우리의 죄를 사하여 주시옵고"(마 6:12)입니다. 그리스도께서는 죄를 "빚"이라고 부르셨는데, 이렇게 부르는 것은 죄는 마치 빚과 같아서 반드시 갚아야 하기 때문입니다. 하나님께서는 우리의 죄를 탕감해 주셨습니다. 우리를 대신하여 그리스도 안에서 스스로 빚을 갚으셨습니다(롬 3:24). 그럼에도 주님께서는 우리에게 죄를 고백하라고 하십니다. 이렇게 명령하는 것은 용서받은 성도라 할지라도 여전히 죄를 짓기 때문입니다.

특별히 이 간구에는 "우리가 우리에게 죄지은 자를 사하여 준 것 같이"(마 6:12)라는 말씀이 추가되어 있습니다. 우리가 다른 사람을 용서한다는 것은 우리 마음속에 있는 분노와 복수심을 버리고, 우리가 당한 일마저 잊어버리고, 오히려 선을 베풀려고 노력하는 것입니다. 하나님께서 우리에게 이렇게 대해주시기를 바라듯이 우리도 남을 이렇게 대하는 것입니다(마 7:12).

그러나 우리가 남을 용서했다고 해서 하나님께 용서받을 자격이 생겼다고 생각해서는 안 됩니다. 이 말씀은 우리가 남을 향한 복수심을 버리면 우리 자신이 용서한 것을 알 듯이, 우리가 다른 사람을 용서할 때 '하나님께서 우리를 용서하신 사실도 분명하다'는 확신을 주시기 위해 하신 말씀입니다.

『기독교 강요』 3권 20장 45절

 **돌아보기**

1. 예수님을 믿는 것은 무엇을 믿는 것인지 말해 봅시다.

2. 예수님을 믿을 때 모든 죄 사함을 받았는데 계속해서 회개하는 이유는 무엇
   인가요?

3. 다음 말씀의 괄호에 들어갈 내용은 무엇인가요?

   마태복음 6:14-15 너희가 (　　　　　　)을 용서하면 너희 하늘 아버지께
   서도 너희 잘못을 용서하시려니와 너희가 사람의 잘못을 용서하지 아니하
   면 너희 아버지께서도 (　　　　　　)을 용서하지 아니하시리라

   요한일서 2:1 나의 자녀들아 내가 이것을 너희에게 씀은 너희로 죄를 범하
   지 않게 하려 함이라 만일 누가 죄를 범하여도 아버지 앞에서 우리에게 (
   　　　　)가 있으니 곧 의로우신 (　　　　　　　)시라

로마서 8:1-2 그러므로 이제 그리스도 예수 안에 있는 자에게는 결코 (

　　　)이 없나니 이는 그리스도 예수 안에 있는 (　　　　　　　　　)이 죄와

사망의 법에서 너를 해방하였음이라

 **나눔하기**

1. 처음에 어떻게 신앙생활을 시작하게 되었는지 각자의 경험을 나눠봅시다.

2. 우리가 회개할 수 있는 것은 하나님께서 우리를 사랑하신다는 믿음이 있기
   때문입니다. 하나님께서 나를 사랑하신다는 것을 어떤 계기로 알게 되었는
   지 각자의 경험을 나눠봅시다.

3. 6장 "우리 죄를 사하여 주옵시고"를 공부하면서 새롭게 깨달은 내용이나 느
   낀 점이 있으면 나눠봅시다.

🤲 기억하기

1. 예수님을 믿는 것은 예수님께서 하나님이면서 동시에 사람이라는 것과 예수님께서 나의 죄를 대신해서 십자가에서 죽으시고 부활하셨다는 것을 믿는 것입니다.

2. 예수님을 믿을 때 우리는 모든 죄를 용서받았습니다. 과거에 지은 죄와 현재 범하고 있는 죄 그리고 미래에 지을 죄까지 모두 용서받았습니다.

3. 모든 죄를 용서받았는데도 계속해서 회개하는 것은 하나님과의 사랑의 교제 안에 있기 위해서입니다.

4. 성도는 죄를 지어도 구원이 취소되거나 더 이상 형벌을 받지 않습니다. 그러나 성도가 범죄 하면 하나님께서 사랑의 징계를 내리십니다.

5. 우리가 다른 사람이 지은 죄를 용서하는 것은 하나님께 용서받는 조건이 되기 때문이 아니라 우리가 하나님께 용서받은 증거를 나타내 보이는 것입니다.

6. 회개란 하나님의 사랑을 배반한 것 때문에 아파하며 하나님의 사랑으로 돌이키는 것을 말합니다.

7. 하나님께서 우리의 큰 죄악을 용서하셨기에 우리도 다른 사람의 잘못을 용서하려고 노력합니다. 먼저는 마음으로 용서하려고 결심하며 복수하려는 마음을 버리고 하나님께서 우리를 불쌍히 여겨주신 것처럼 그를 불쌍히 여겨주시길 기도하는 것입니다.

✋ 기도하기

하나님 아버지, 저희를 구원해 주신 은혜에 감사합니다. 저희를 구원하시기 위해서 아드님을 보내신 사랑과 은혜를 너무나 잘 알기에 저희도 저희에게 잘못을 범한 사람들을 용서하기 위해 날마다 결심하고 노력합니다. 저희를 불쌍히 여겨주서서 동일한 사랑으로 저희의 죄악을 용서하여 주서서 하나님의 자녀로 살아가는 기쁨이 늘 저희 안에 있게 해 주시옵소서. 예수님의 이름으로 기도드립니다. 아멘.

우리를 시험에 들게 하지 마옵시고 다만 악에서 구하시옵소서

7장

마음 열기

지금까지 살아오면서 가장 힘든 시기는 어느 때였는지 이야기해 보고, 개인적으로 어떤 상황이나, 일을 만날 때 마음이 힘들어지는지 자신의 경험을 나눠봅시다.

본문 말씀

"우리를 시험에 들게 하지 마시옵고 다만 악에서 구하시옵소서"(마 6:13).

"우리를 시험에 들게 하지 마시옵고"라는 기도는 유혹에 빠져 죄를 범하지 않게 해달라고 기도하는 것입니다. 우리는 이 기도를 통해서 하나님의 도우심을 받으며 승리하는 삶을 살 수 있습니다.

 **내용 해설**

1. 죄에서 구원받은 성도가 다시 죄악에 빠지는 이유는 무엇인가요?

죄에서 구원받은 성도가 다시 죄악에 빠지는 이유는 시험을 만날 때에 아직 남아 있는 부패한 본성에 이끌리기 때문입니다. 죄에서 구원받았다는 것은 죄의 형벌이 면제됐으며, 죄의 권세에서 해방됐다는 것을 말합니다. 첫 사람 아담은 사탄의 유혹을 받아 선악을 알게 하는 나무의 열매를 먹고 하나님께 반역합니다. 아담이 저지른 이 첫 번째 죄의 결과로 아담 자신과 아담의 모든 후손에게는 하나님께 반드시 형벌을 받아야 하는 상태(원죄책)와 죄를 사랑하고 죄를 범하고자 하는 강한 성향(원오염)이 생기게 되었습니다. 이 두 가지, 원죄책과 원오염을 원죄(original sin)라고 합니다. 이 원죄로 인해서 모든 사람은 태어나면서부터 죄인으로 정죄된 상태인 것은 물론이거니와 죄를 사랑하고 죄를 범하고자 하는 강한 성향을 가지고 태어납니다. 그래서 배우지 않아도 스스로 죄를 짓는데 이것을 자범죄(actual sin)라고 합니다.

모든 사람은 죄를 사랑해서 죄를 지으며 죄의 종으로 살다가 죄 때문에 영원한 형벌을 받게 됩니다. 이것이 모든 인간이 처한 무서운 현실입니다. 그런데 예수 그리스도를 믿으면 십자가의 공로 때문에 이 죄의 사슬이 끊어지고 자유를 얻게 됩니다. 죄에서 자유를 얻는다는 것은 다음 세 가지를 말합니다.

첫째, 죄의 형벌로부터 자유를 얻습니다. 사람이 보기에는 죄가 아무리 작아 보여도, 모든 죄는 영원하신 하나님께 지은 것이므로 갚을 방법이 없습니다. 그래서 영원한 지옥 형벌을 받을 수밖에 없습니다. 그런데 예수님께서 십자가에서 우리를 대신해서 지옥 형벌을 받으셨습니다. 십자가 공로 때문에 우리의 형벌은 면제되었고 모든 죄(원죄와 자범죄)를 용서받았습니다.

둘째, 죄의 권세로부터 자유를 얻습니다. 죄를 짓는 자는 죄의 종입니다. 자기가 좋아서 죄를 짓지만 실제로는 죄의 종이기 때문에 죄에서 벗어나지 못하고 죄짓는 것을 당연한 것으로 여기며 살아갑니다. 죄는 그 권세가 너무나 강해서 누구도 스스로 빠져나오지 못합니다. 그런데 예수 그리스도께서 십자가에서 죄의 권세를 깨뜨렸습니다. 죗값을 모두 지불하셨으니 죄는 더 이상 주인 노릇을 할 수 없게 되었습니다. 예수님을 믿는 사람은 죄에서 해방되었습니다. 이제는 죄의 종이 아니니 죄를 짓지 않을 수 있는 자유가 생겼습니다(롬 6:16-18).

셋째, 죄인이라는 신분으로부터 자유를 얻습니다. 우리는 율법을 어긴 죄인이요, 불의한 자입니다. 그런데 예수 그리스도께서는 전 생애 동안 모든 율법을 완전하게 지키시고 죽기까지 순종하셔서 의를 이루셨습니다. 이 의를 믿는 자에게 전가해주시는데 이것을 칭의라고 합니다. 본래 우리는 불의한 자이지만 그리스도의 의를 우리의 것으로 여겨주셔서 의롭다고 선언해 주시는 것입니다. 성도는 그리스도로 말미암아 모든 죄 사함을 받고 죄인에서 의인으로 신분이 변하게 되었습니다.

이런 근본적인 변화에도 불구하고 성도는 아직 완전하지 않습니다. 그래서 신앙의 투쟁인 성화의 삶을 살게 됩니다. 하나님을 향한 새로운 본성을 받았으나 아직 옛사람의 본성이 남아 있어서 죄를 향한 소욕이 수시로 일어나, 부패한 심령을 따라 죄를 범하는 것입니다. 성도는 죄의 종이기 때문에 어쩔 수 없이 범죄 하는 것이 아니라 부패한 본성에 이끌려 자기 스스로 죄를 선택하는 것입니다. 이 부패한 본성인 옛사람의 끌어당김이 얼마나 강력한지 우리의 힘으로 이겨내는 것이 어렵습니다. 그래서 바울도 이와 같은 경험을 하면서 이렇게 탄식합니다. "내 속사람으로는 하나님의 법을 즐거워하되 내 지체 속에서 한 다른 법이 내 마음의 법과 싸워 내 지체 속에 있는 죄의 법으로 나를 사로잡는 것을 보는 도다 오호라 나는 곤고한 사람이로다 이 사망의 몸에서 누가 나를 건져내랴"(롬 7:22-24).

주님께서는 우리의 이런 약함을 아시고 "우리를 시험에 들게 하지 마시옵고 다만 악에서 구하시옵소서"라고 기도하라고 가르쳐 주셨습니다.

2. "우리를 시험에 들게 하지 마시옵고 다만 악에서 구하시옵소서"라는 말씀의 의미는 무엇인가요?

첫째, "우리를 시험에 들게 하지 마시옵고"라는 말씀은 '유혹에 빠져들지 않게 도와주시옵소서'라는 의미입니다. 우리가 시험이라는 말을 일반적으로 사용할 때는 무엇을 검증한다는 의미가 있습니다. 성경에는 하나님께서 성도를 시험하신 예가 있습니다. 대표적인 사건이 창세기 22장에 나온 아브라함이 이삭을 바친 사건입니다. "하나님이 아브라함을 시험하시려고"(창 22:1) 이삭을 모리아 산으로 데리고 가서 번제로 바치라고 명령하십니다. 이 사건은 하나님께서 아브라함의 상태를 드러내서 그의 신앙을 성장시키기 위해서 주신 시험이었습니다. 또 신명기 8장 2절에서는 이렇게 말씀합니다. "네 하나님 여호와께서 이 사십 년 동안에 네게 광야 길을 걷게 하신 것을 기억하라 이는 너를 낮추시며 너를 시험하사 네 마음이 어떠한지 그 명령을 지키는지 지키지 않는지 알려 하심이라."

하나님께서는 하나님의 백성을 연단하셔서 그들의 신앙을 드러내시고 성장하게 하십니다.

다른 의미의 시험이 있습니다. 바로 사탄의 유혹입니다. 사탄은 아담과 하와를 유혹하여 죄에 빠지게 했습니다. 사탄은 주님이 공생애를 시작하실 때도 주님을 유혹하려고 나섰습니다(마 4:1-11). 우리 주님마저 넘어뜨리려고 달려들었던 사탄의 최종 목표는 성도가 유혹에 빠져 죄악 가운데 살게 하는 것입니다. 이를 위해서 지금도 "우는 사자와 같이 두루 다니며 삼킬 자를 찾고"(벧전 5:8) 있습니다. 마귀의 시험은 우리가 죄를 짓게 만드는 유혹입니다. 너무나 교묘하고 달콤해서 우리는 우리의 능력으로 그것의 정체를 파악하기도 어렵고 이겨내기도 어렵습니다. 그래서 칼뱅은 『기독교 강요』에서 이렇게 말합니다. "우리를 공격하는 시험의 오른쪽에는 부귀와 권세와 명예가 눈을 흐리게 하여 하나님을 잊게 합니다. 왼쪽에는 빈곤과 수치와 고난이 우리를 공격해 옵니다. 이런 것들은 성도가 절망에 빠져 소망을 잃게 만들며 마침내 하나님에게서 멀어지게 합니다."(『기독교 강요』 3.20.46)

그런데 사탄은 우리가 죄를 짓도록 강제로 끌고 갈 수 없습니다. 죄의 권세에서 이미 해방되었기 때문입니다. 죄의 종이 아니니 죄를 짓도록 강제할 수 없습니다. 고난이나 부귀영화의 유혹도 그 자체로는 우리를 넘어뜨리지 못합니다. 고난을 만날 때 죄로 달려가 넘어지는 것과 유혹을 만날 때 유혹에 빠져드는 것은, 모두 자신의 부패한 본성과 세상을 사랑하는 정욕이 그것을 선택하는 것입니다. 우리는 우리의 힘으로 부패한 본성과 세상을 사랑하는 정욕을 이길 수 없습니다. 그래서 "우리를 시험에 들게 하지 마시옵고" 즉 '유혹에 빠져들어 죄를 범하지 않도록 도와주시옵소서'라고 하나님 아버지의 도우심을 간절히 구하는 것입니다.

둘째, "다만 악에서 구하시옵소서"라는 말씀은 '그 악한 자에게서 구원하여 주시옵소서'라는 의미입니다. 이 말씀은 "그 악한 자에게서(from the evil one)"라고 생각할 수도 있고, "악에서(from evil)"라고 생각할 수도 있습니다. 왜냐하면 "악에서"에 해당하는 헬라어 "포네로스"는 양쪽 모두의 의미로 생각할 수 있기 때문입니다. 칼뱅도 어떤 의미로 생각해도 좋다고 했습니다. 만일 "악에서(from evil)"라고 생각할 경우, '우리가 당하는 모든 악한 일에서 우리를 건져 주시옵소서'하고 기도하는 것입니다. 우리의 내면의 부패를 고쳐주시고, 우리가 살아가면서 만난 모든 악한 상황들에서 구원해 주시길 기도하는 것입니다. 물론 이런 기도는 우리가 늘 드려야 합니다.

그런데 하이델베르크 요리문답에서는 "우리의 불구대천(不俱戴天)의 원수인 마귀와 세상과 우리의 육신은 끊임없이 우리를 공격하나이다"라고 하면서 "그 악한 자"인 마귀와의 영적 전쟁을 강조하며 "완전한 승리를 얻을 때까지 우리의 원수(마귀)에 대해 항상 굳세게 대항하게 하시옵소서"라고 설명합니다.

교회를 유혹에 빠뜨리고 넘어뜨리는 불구대천(不俱戴天)의 원수는 마귀입니다. 그가 그의 수하들과 함께 지금도 역사하며 성도를 유혹에 빠지게 하고, 거짓 진리와 거짓 선지자들을 양산해서 공격하고 있습니다. 이 사탄과 그의 세력은 마지막 날 주님이 다시 오실 때까지 권세를 잡고 우리를 괴롭게 할 것입니다. 그러므로 여섯째 간구는 "우리가 죄에 빠지지 않게 해 주시옵고, 마귀의 공격으로부터 보호해 주시옵소서" 라고 이 기도를 드리는 것입니다.

3. 우리는 어떤 마음으로 이 기도를 해야 할까요?

"우리를 시험에 들게 하지 마시옵고 다만 악에서 구하시옵소서"하고 간구할 때 우리는 두 가지를 생각하면서 이 기도를 드려야 합니다.

첫째, 성령님을 의지하지 않고는 유혹을 이길 수 없습니다. 바울은 육체의 소욕에 넘어지는 자신을 바라보며 "오호라 나는 곤고한 사람이로다 이 사람의 몸에서 누가 나를 건져내랴"(롬 7:24)하고 탄식합니다. 그러다가 바울은 복음 안에 있는 진리를 깨닫습니다. "이는 그리스도 예수 안에 있는 성령의 생명의 법이 죄와 사망의 법에서 너를 해방하였음이라"(롬 8:2). 우리가 유혹과 죄를 이길 수 있는 유일한 방법은 성령 하나님을 전심으로 의지하는 것입니다. 성령님을 의지하는 것은 기도하는 것입니다. 입술을 열어서 우리의 부패한 본성을 이기게 해 달라고 기도해야 합니다. 유혹과 시련이 몰려올 때, 성령님께서 우리의 마음의 생각을 지켜 주시길 기도해야 합니다. 이렇게 전심으로 기도하는 사람은 하루하루 주 안에서 승리하는 생활을 맛보게 됩니다.

둘째, 하나님께서 시험에 빠진 성도를 불쌍히 여기십니다. 하나님께서는 우리가 시험에 빠진 이유가 무엇이든 상관없이 우리가 넘어져 있는 것과 아파하고 있는 것을 불쌍히 여기시며 다시 일어나기를 원하십니다. 하나님께서 섭리 가운데 악마의 유혹을 허락하시고 우리의 넘어짐을 허락하신 것은 우리의 유익과 성장을 위함입니다. 야고보의 이 말씀을 기억하시기 바랍니다. "내 형제들아 너희가 여러 가지 시험을 당하거든 온전히 기쁘게 여기라 이는 너희 믿음의 시련이 인내를 만들어 내는 줄 너희가 앎이라 인내를 온전히 이루라 이는 너희로 온전하고 구비하여 조금도 부족함이 없게 하려 함이라"(약 1:2-4). 우리의 인생은 실패로 끝나지 않습니다. 우리는 마지막 날에 그리스도 안에서 완전히 승리한 우리를 보게 될 것입니다. 그러므로 주님의 도우심을 소망하며 실패한 자리에서 다시 일어날 수 있습니다. 그가 우리를 붙들어 주실 것입니다.

웨스트민스터 소요리문답

106문 : 여섯째 간구로 우리는 무엇을 구합니까?

답 : "우리를 시험에 들지 말게 하옵시며 다만 악에서 구하옵소서"라는 여섯째 간구로 우리는 하나님께서 우리를 지켜 주셔서 우리가 죄에 이르는 시험을 당하지 않게 하시고, 시험을 당할 때에는 우리를 붙드시고 구원하여 주시기를 구합니다.

하이델베르크 요리문답

127문 : 여섯째 간구는 무엇입니까?

답 : "우리를 시험에 들지 말게 하옵시며 다만 악에서 구하옵소서"로, 이러한 간구입니다. "우리 자신만으로는 너무나 연약하여 우리는 한순간도 스스로 설 수 없사오며, 우리의 불구대천(不俱戴天)의 원수인 마귀와 세상과 우리의 육신은 끊임없이 우리를 공격하나이다. 그러하므로 주의 성령님의 힘으로 우리를 친히 붙드시고 강하게 하셔서, 우리가 이 영적 전쟁에서 패하여 거꾸러지지 않고, 마침내 완전한 승리를 얻을 때까지 우리의 원수에 대해 항상 굳세게 대항하게 하시옵소서."

우리를 시험에 들게 하지 마시옵고

여섯째 간구는 "우리를 시험에 들게 하지 마시옵고 다만 악에서 구하시옵소서"(마 6:13)입니다. 우리는 이 간구를 통해서 영적인 싸움에서 승리할 수 있도록 필요한 무장을 공급받고 하나님의 보호하심을 받게 됩니다. 또 주님은 이 기도를 통해서 성령 하나님의 도우심이 없으면 시험을 극복할 수 없다는 사실을 가르쳐주십니다. 우리를 공격하는 시험의 오른쪽에는 부귀와 권세와 명예가 눈을 흐리게 하여 하나님을 잊게 합니다. 왼쪽에는 빈곤과 수치와 고난이 우리를 공격해 옵니다. 이런 것들은 성도가 절망에 빠져 소망을 잃게 만들며 마침내 하나님에게서 멀어지게 합니다.

이 간구는 악마의 공격과 우리의 정욕에서 오는 시험에 빠지지 않고 모든 공격을 잘 이겨내서, 결국은 선한 열매를 맺게 해 달라는 기도입니다. 성공한 것 같은 때에도 교만에 빠지지 않고, 실패하고 고난 가운데 있을 때에도 완전히 넘어지지 않기를 구하는 것입니다.

그런데 이 간구에는 더 깊은 의미가 있습니다. 성령 하나님께서 이 싸움을 싸우시는 것이라면, 우리가 성령 충만해지기 전에는 승리할 수 없다는 것입니다. 따라서 우리는 사탄과 죄의 세력에서 해방되기를 간절히 기도하는 동안에 하나님의 은혜가 충만해져서 결국은 승리하리라는 소망을 갖게 됩니다.

『기독교 강요』 3권 20장 46절

1. 죄에서 구원받았다는 말의 두 가지 의미는 무엇인가요?

2. 죄에서 구원받은 성도라도 계속해서 죄를 짓는 이유는 무엇인가요?

3. "우리를 시험에 들게 하지 마시옵고"라는 말씀은 어떤 의미인가요?

4. 다음 말씀의 괄호에 들어갈 내용은 무엇인가요?

고린도전서 10:13 사람이 감당할 (   )밖에는 너희가 당한 것이 없나니 오직 하나님은 미쁘사 너희가 감당하지 못할 시험 당함을 허락하지 아니하시고 시험당할 즈음에 또한 (   )을 내사 너희로 능히 (   ) 하시느니라

요한일서 2:15-16 이 (   )이나 세상에 있는 것들을 사랑하지 말라 누구든지 세상을 사랑하면 아버지의 사랑이 그 안에 있지 아니하니 이는 세상에 있는 모든 것이 (   )과 안목의 정욕과 이생의 자랑이니 다 아버지께로부터 온 것이 아니요 (   )으로부터 온 것이라

로마서 7:22-23 내 속사람으로는 (   )을 즐거워하되 내 지체 속에서 한 다른 법이 내 마음의 법과 싸워 내 지체 속에 있는 (   )으로 나를 사로잡는 것을 보는도다

 ## 나눔하기

1. 요한일서 2:15에서는 "세상이나 세상에 있는 것들을 사랑하지 말라"고 말씀하고 있습니다. 여기서 세상이란 어떤 의미인지 생각해 보고 내가 사랑하는 것들은 무엇인지 나눠봅시다.

2. 어려운 문제를 만나거나 여러 가지 이유로 스트레스를 받을 때 어떻게 해결
   하고 있는지 자신만의 특별한 해결 방법이 있으면 나눠봅시다.

3. 7장 "우리를 시험에 들게 하지 마옵시고 다만 악에서 구하시옵소서"를 공부
   하면서 새롭게 깨달은 내용이나 느낀 점이 있으면 나눠봅시다.

 기억하기

1. 죄에서 구원받은 성도가 다시 죄에 빠지는 이유는 아직 남아 있는 부패한 본
   성에 이끌리기 때문입니다.
2. 예수님을 믿을 때 죄의 사함을 받고 죄의 권세에서도 해방되었습니다. 그렇
   기에 성도는 더 이상 죄의 종이 아닙니다.
3. "우리를 시험에 들지 말게 하시옵고"라는 말씀은 우리가 유혹에 빠져서 죄를
   짓지 않게 해 주시기를 구하는 기도입니다.
4. 성도가 죄의 유혹을 이기는 방법은 유혹을 만날 때, 성령님을 온전히 의지하
   는 것입니다. 성령님을 의지한다는 것은 성령님께 간절히 기도한다는 의미
   입니다.

5. "다만 악에서 구하시옵소서"라는 말씀은 "그 악한 자(마귀)의 공격을 이겨낼
   수 있게 구원해 달라는 의미입니다.

6. 예수 그리스도께서 십자가에서 악한 자를 멸하시고 승리하셨지만 완전한 승
   리는 마지막 날 주님이 강림하실 때 일어나게 됩니다. 그날에는 모든 악과
   악한 자가 심판받게 되며 성도는 완전하게 됩니다.

 **기도하기**

하나님 아버지, 아드님을 내어주신 하나님의 크신 사랑으로 저희가 죄 사함을
받고 하나님을 아버지라고 부르는 자녀가 되었습니다. 그 은혜와 사랑이 항상
저희 눈앞에 있사온데 아직 죄의 본성을 다 버리지 못하여 죄의 유혹에 빠지며
범죄할 때가 많이 있습니다. 이런 저희를 불쌍히 여겨주시옵소서. 저희는 작은
고난과 유혹이 와도 넘어지기 쉬운 인생임을 아시오니 주님을 의지할 때마다
유혹을 이겨낼 힘을 주시고, 악한 세력과 대항하여 굳건히 서는 저희가 되게 해
주시옵소서. 예수님의 이름으로 기도드립니다. 아멘.

8장

나라와 권세와 영광이 아버지께 영원히 있사옵니다

 **마음 열기**

기도하기 힘들 때, 어떻게 기도에 집중할 수 있었는지 각자의 경험과 방법을 나누어 봅시다. 또 하나님께 은혜받고 싶을 때는 무엇을 하는지도 나눠봅시다.

 **본문 말씀**

"나라와 권세와 영광이 아버지께 영원히 있사옵나이다 아멘"(마 6:13).

주기도문의 맺음말은 우리가 하나님께 기도할 수 있는 이유를 고백하며 하나님을 찬송합니다. 하나님은 만유를 통치하시는 왕이시니 능히 우리의 기도를 들어주실 수 있습니다.

 **내용 해설**

1. 주기도문의 맺음말과 관련해서 우리가 알아야 할 것에는 무엇이 있나요?

첫째, 주기도문의 맺음말을 송영(doxology)이라고 합니다. 송영이란 하나님의 영광을 노래하고 하나님을 높여드리는 말입니다. 유대인들은 기도드리기 전이나 후에 송영으로 하나님께 영광을 돌렸습니다. 그 중에서도 다윗의 송영이 유명합니다. "여호와여 위대하심과 권능과 영광과 승리와 위엄이 다 주께 속하였사오니 천지에 있는 것이 다 주의 것이로소이다 여호와여 주권도 주께 속하였사오니 주는 높으사 만물의 머리이심이니이다 부와 귀가 주께로 말미암고 또 주는 만물의 주재가 되사 손에 권세와 능력이 있사오니 모든 사람을 크게 하심과 강하게 하심이 주의 손에 있나이다 우리 하나님이여 이제 우리가 주께 감사하오며 주의 영화로운 이름을 찬양하나이다"(대상 29:11-13). 또 시편과 서신서에서도 여러 송영이 나옵니다. "우리 주 하나님이여 영광과 존귀와 권능을 받으시는 것이 합당하오니 주께서 만물을 지으신지라 만물이 주의 뜻대로 있었고 또 지으심을 받았나이다 하더라"(계 4:11). 기도에서 이런 송영을 사용하는 것은 하나님께 기도드리는 근거를 말하는 것이기도 하고, 하나님의 높으심을 찬양하는 것이기도 합니다.

둘째, 사본 상의 차이가 나는 문제입니다. 주기도문은 누가복음 11:4과 마태복음 6:9-13에 기록되어 있습니다. 그런데 누가복음에는 송영이 없고, 마태복음에는 괄호에 송영이 있습니다. 이렇게 괄호에 넣은 것은 고대 사본에는 송영이 없는데, 조금 후기 사본에는 송영이 있기 때문입니다. 그래서 많은 분이 주기도문을 해설하면서 "송영은 예수님이 직접 하신 말씀이 아니고 성경 원본에는 없었는데 사람들이 임의로 추가한 것"이라고 강하게 주장합니다. 그런데 확실한 것은 아무도 모릅니다. 성경 원본에 송영이 있을 수도 있고, 없을 수도 있습니다. 지금 우리가 확실하게 아는 것은 어떤 사본에는 송영이 있고 어떤 사본에는 송영이 없다는 것입니다. 따라서 어떤 사본에는 송영이 있는 것이 확실하고, 이 송영이 모든 성경의 내용과 완전히 부합하기 때문에, 지금처럼 주님께서 가르쳐 주신 기도로 사용하는 것이 합당합니다. 사본 상의 차이가 나는 문제에 대해서는 이승구 교수님의 글을 소개합니다.

"이런 이야기를 할 때에 우리가 반드시 유념해야 할 것이 있습니다. 그것은 이런 오랜 세월에 걸친 필사 작업으로 원본에 있는 말씀이 우리에게 전달될 때, 사본 상의 차이들이 있다는 사실 앞에서 성경이 마치 믿을 수 없는 문서인양 하는 것은 있을 수 없다는 것입니다. 정말 오랜 세월에 걸친 전달 과정을 생각하면 이런 사본 상의 차이는 그야말로 미미하다는 것을 성경학자들은 우리에게 잘 증언해 줍니다. 하나님께서 정말 놀라운 보존의 섭리를 통해서 지금은 사라진 원본의 의미가 거의 손상되지 않게 우리에게 전달해 주셨습니다. 그렇게 말씀을 잘 보존해 주신 하나님께와 그동안 이 성경을 잘 필사하여 전달해준 필사자들, 그들이 필사한 그 사본들 연구에 평생을 다 드려서 오늘 우리가 읽는 성경을 제시해 준 본문 연구자들에게 우리는 깊이 감사해야 합니다"(이승구, 『하나님께 아룁니다:감사의 최고 표현인 기도』, 454).

셋째, "대개(大蓋)"의 의미입니다. "대개"라는 단어는 헬라어 성경에 있는 "호

티"를 옛날 번역자들이 한자로 번역한 것입니다. "대개"란 "일의 큰 원칙으로 보건대"라는 뜻인데, 우리에게는 "왜냐하면"으로 번역하는 것이 더 와닿습니다. 그런데 찬송가를 개정하면서 찬송가 앞에 있던 주기도문에서도 "대개"라는 단어를 삭제해서 이제는 많은 분이 "대개"라는 단어가 주기도문에 있는지도 모르게 되었습니다. 아쉬운 점은 송영에서 "대개"라는 접속사를 삭제하니 송영의 의미가 분명하지 않게 되었다는 점입니다. "대개"의 의미를 살려서 접속사를 넣으면 의미가 분명해집니다. "왜냐하면, 나라와 권세와 영광이 아버지께 영원히 있기 때문입니다. 아멘."

2. "대개 나라와 권세와 영광이 아버지께 영원히 있사옵나이다 아멘"이라는 말씀의 의미는 무엇인가요?

주기도문의 송영은 하나님 아버지께 여섯 가지 간구를 드릴 수 있는 근거를 말하고 있습니다. "제가 이렇게 기도드릴 수 있는 이유는 나라와 권세와 영광을 아버지께서 영원히 가지고 계시기 때문입니다. 하오니 이 기도를 들어주시옵소서."라고 찬송하는 것입니다. 송영의 내용은 다음과 같습니다.

첫째, 하나님께서 나라와 권세를 가지고 계시기에 이 기도를 드립니다. 나라와 권세를 가지고 있다는 것은 하나님이 온 세상을 다스리는 통치권자라는 의미입니다(사 40:17). 하나님은 나라를 세우기도 하고, 무너뜨리기도 하십니다. 생명이 태어나게 하시고 데리고 가시기도 합니다. 하나님의 통치권은 온 우주에 미칩니다. 하나님은 눈에 보이는 것이나 보이지 않는 것이나 모든 것을 다스리시며 그 능력이 무한합니다. 하나님은 지금도 천지를 창조하신 능력으로 교회를 붙들고 계시고, 작은 미물이라도 보살피시며 우주를 운행하십니다. 왜냐하면 나라와 권세가 아버지께 있기 때문입니다(대상 29:11). 그래서 우리는 하나님의 도우심을 기대하며 기도할 수 있습니다. 우리의 기도가 거창하고 높지 못해도 하나님의 나라를 위해서, 우리의 작은 일상을 위해서, 우리의 가정과 직장을 위해서 하나님께 나아가서 기도드릴 수 있습니다. "하나님은 온 세상의 왕이십니다. 그 통치 대권을 사용하셔서 저희의 기도를 들어주시옵소서"라고 기도하는 것입니다. 하이델베르크 요리문답 128문에서 이렇게 설명합니다. "주님은 우리의 왕이시고 만물에 대한 권세를 가진 분으로서 우리에게 모든 좋은 것을 주기 원하시며 또한 주실 수 있는 분이기 때문에 우리는 이 모든 것을 주님께 구하옵니다." 그런데 이 설명에서 하나님의 전능하신 능력에서 멈추지 않고 하나님은 "우리에게 모든 좋은 것을 주기 원하시는 분"이라고 추가해서 설명하고 있습니다. 하나님은 단지 통치권만 가지신 분이 아니라 우리를 자녀로 사랑하셔서 좋은 것으로 주기 원하십니다. 이것이 우리가 하나님께 담대히 기도드릴수 있는 토대입니다. 하나님은 우리의 기도를 들어주실 능력이 있으시고, 우리에게 모든 좋은 것을 주기 원하시는 우리의 아버지입니다. 그래서 이 송영은 하나님을 향한 찬송이기도 하고, 우리의 신앙고백이기도 합니다.

둘째, 하나님께 영광을 돌리기 위해서 이 기도를 드립니다. 우리는 기도할 때마다 우리의 모든 기도의 궁극적인 목표가 하나님의 영광이라는 사실을 기억해야 합니다. 우리는 기도뿐만 아니라 하나님의 영광을 위해서 존재하며, 먹고 마시고 생활하고 있다는 것을 생각해야 합니다. 그런데 우리는 당면한 현실의 문제들 앞에서는 하나님의 영광을 생각하지 못하고 우리의 안위만 생각하기 쉽습니다. 아직 부족할지라도 현실의 문제가 커 보일 때라도 인생의 종국을 생각하며, 하나님께서 우리를 부르신 부르심을 기억하며 "저의 남은 인생은 하나님의 나라와 하나님의 영광을 위해서 살겠습니다."라고 기도하며 하나님께 영광을 돌리는 것입니다.

셋째, 모든 기도에 대해 "아멘"하면서 송영을 마칩니다. "아멘"이란 말은 '참으로', '옳습니다.', '그렇게 될 것입니다.'라는 의미입니다. 우리는 하나님께 간절히 기도한 후에 아멘으로 기도를 마무리합니다. 기도한 대로 이루어질 것을 믿는다고 고백하는 것입니다. 소요리문답의 설명처럼 "우리의 소원을 들어주시리라는 소원과 확신의 표시"가 됩니다. 그런데 기도한 후에 이렇게 확신할 수 있는 이유는 우리의 기도가 하나님의 뜻과 같기 때문입니다. 그래서 하이델베르크 요리문답에서는 "아멘"의 의미를 설명한 다음에 "내가 하나님께 이런 것들을 소원하는 심정보다도 더 확실하게 하나님께서는 내 기도를 들으십니다."라고 덧붙였습니다. 우리는 세월이 갈수록 하나님의 뜻과 우리의 기도 제목이 비슷해져 가기를 소망해야 합니다. 하나님의 뜻이 우리의 간절한 기도 제목이 될 때, 우리가 기도한 내용에 대해서 "아멘"하고 진심으로 확신할 수 있게 됩니다.

3. 우리는 어떤 마음으로 이 송영을 올려야 해야 할까요?

"대개 나라와 권세와 영광이 아버지께 영원히 있사옵나이다 아멘"하고 기도할 때 우리는 두 가지를 생각해야 합니다.

첫째, 하나님을 알기 위해 노력해야 합니다. 우리는 이 송영에서 하나님을 찬송하는 제목을 배웁니다. 하나님을 바르게 찬송하는 것은 하나님의 성품과 하나님께서 하신 일을 높여 드리는 것입니다. 기도도 마찬가지입니다. 기도는 하나님을 아는 것에서 시작합니다. 무턱대고 소리를 높이는 것이 아니라 하나님의 성품을 바르게 알 때, 기도의 내용도 바르게 됩니다. 그러므로 우리의 중요한 기도의 제목과 묵상의 내용은 하나님과 관계된 것이어야 합니다. "하나님을 알기 원합니다. 하나님의 뜻을 알기 원하고, 하나님의 높으신 성품과 하나님의 나라를 알기 원합니다."라고 기도하며, 하나님을 배우는 일에 힘써야 합니다. 하나님을 바르게 알게 될 때, 우리는 주님께서 가르쳐 주신 기도와 일치하는 기도를 드릴 수 있게 됩니다.

둘째, 기도의 사람이 되기로 다짐해야 합니다. 주님께서 이 기도를 가르쳐 주실 때, 제자들에게 원하신 것은 주님이 가르쳐주신 기도의 형식을 따라서 바르게 기도하는 것과 제자들이 계속해서 하나님과 기도로 교제하는 것입니다. 따라서 한 주에도 몇 번씩 주기도문은 읽으면서 정작 기도하지 않는다면 주님께서 기도를 가르쳐주신 것과 반대로 행동하는 것입니다. 무엇보다 중요한 것은 실제로 기도하는 것입니다. 기도가 어렵다고 생각하는 중요한 이유는 기도를 호흡처럼 하지 않기 때문입니다. 모든 외식을 버리고 만나는 모든 일과 만나는 모든 상황을 아버지께 아뢰고 의논드리는 것이 기도입니다. 기도는 우리의 인생에서 만나는 모든 문제를 해결하는 가장 좋은 방법입니다. 그러므로 기도를 시작해야 합니다. 기도를 잘하지 못하고 있을 때도, 기도를 잘하고 있을 때도, '이제부터 저는 기도의 사람으로 살겠습니다'라고 다짐하며 기도를 시작해야 합니다. 이것이 주님께서 가르쳐주신 기도를 배운 사람이 해야 할 가장 중요한 실천입니다.

요리문답 + + + + + + + + + + + + + + + + + + +

웨스트민스터 소요리문답

107문 : 주님께서 가르치신 기도의 맺음말은 우리에게 무엇을 가르칩니까?

답 : "대개 나라와 권세와 영광이 아버지께 영원히 있사옵나이다. 아멘"이라는 주님께서 가르치신 기도의 맺음말은 우리로 하여금 기도할 담력을 오직 하나님께로 우리는 "아멘"이라고 합니다.

하이델베르크 요리문답

128문 : 당신은 이 기도를 어떻게 마칩니까?

답 : "대개(大蓋) 나라와 권세와 영광이 아버지께 영원히 있사옵나이다"로, 이러한 간구입니다. "주님은 우리의 왕이시고 만물에 대한 권세를 가진 분으로서 우리에게 모든 좋은 것을 주기 원하시며 또한 주실 수 있는 분이기 때문에 우리는 이 모든 것을 주님께 구하옵니다. 이로써 우리가 아니라 주님의 거룩한 이름이 영원히 영광을 받으시옵소서."

129문 : "아멘"이라는 이 짧은 말은 무엇을 뜻합니까?

답 : "아멘"은 참되고 확실하다는 뜻입니다. 내가 하나님께 이런 것들을 소원하는 심정보다도 더 확실하게 하나님께서는 내 기도를 들으십니다.

+ +

기독교 강요

나라와 권세와 영광이 아버지께 있사옵나이다

우리 자신을 위한 세 가지 기원에서 이 기도의 성격이 분명히 나타납니다. 그리스도인의 기도는 공적인 성격을 가져야 합니다. 기도는 교회의 덕(the edification of church)을 세우고 성도들의 교제가 더욱 깊어지게 하는 것에 목표를 두어야 합니다. 각자가 자신을 위해서 기도하는 것이 아니라 우리 모두의 일용할 양식을 위해서, 우리 모두의 죄 사함을 위해서, 우리가 악마의 싸움에서 승리하도록 함께 기도하는 것입니다. 이런 기도는 응답받으리라는 약속이 이 간구에 있습니다. 비록 우리가 어리석고, 무가치하며, 잘하는 일이 하나도 없을지라도 언제나 기도할 수 있고 확신할 수 있습니다. 왜냐하면 "나라와 권세와 영광"이 아버지의 것이기 때문입니다. 그가 만유의 통치자시므로 우리는 담대히 기도할 수 있습니다.

마지막으로 "아멘"이 첨가되었습니다. 이 단어는 우리가 기도한 바를 반드시 얻고자 하는 강한 소망이 담긴 표현입니다. 지금까지 기도한 모든 것이 확실히 일어났으니, 앞으로도 우리의 기도가 응답 될 것이라고 확신합니다. 왜냐하면 '하나님의 약속이기 때문입니다.'라고 말하는 것입니다.

『기독교 강요』 3권 20장 47절

 **돌아보기**

1. 송영(doxology)의 뜻은 무엇인가요?

2. 송영의 사본 상의 차이는 무엇이고 어떻게 생각하는 것이 좋을까요?

3. 우리가 하나님께 담대히 기도할 수 있는 근거는 무엇인가요?

4. 다음 말씀의 괄호에 들어갈 내용은 무엇인가요?

요한복음 14:13 너희가 (내 이름)으로 무엇을 구하든지 내가 행하리니 이는 (아버지)로 하여금 아들로 말미암아 (영광)을 받으시게 하려 함이라

요한계시록 5:12 큰 음성으로 이르되 죽임을 당하신 어린 양은 (   )과 부와 지혜와 힘과 존귀와 영광과 (   )을 받으시기에 합당하도다 하더라

역대상 29:12 부와 귀가 주께로 말미암고 또 주는 (   )가 되사 손에 (   )이 있사오니 모든 사람을 크게 하심과 강하게 하심이 (   )에 있나이다

 ## 나눔하기

1. 하나님께서 기도를 들어주실 것이라는 확신이 드는 때는 어떤 때이고, 반대로 확신 없이 기도할 때는 어떤 때인지 기도의 경험을 나눠봅시다.

2. 하나님이 왕이시기 때문에 우리는 기쁨으로 담대히 기도할 수 있습니다. 하나님이 살아계신 하나님이시고, 만유를 다스리는 왕이시라는 것이 믿어지고 위로가 된 경험이 있다면 나눠봅시다.

3. 8장 "나라와 권세와 영광이 아버지께 영원히 있사옵나이다"를 공부하면서 새
롭게 깨달은 내용이나 느낀 점이 있으면 나눠봅시다.

 **기억하기**

1. 주기도문의 맺음말을 송영이라고 하는데, 송영이란 하나님의 영광을 노래하
고 하나님을 높여 드리는 말입니다.

2. 어떤 사본에는 송영이 있고, 어떤 사본에는 없습니다. 우리는 이 송영이 원본
성경에 있었는지 없었는지 정확하게 알지 못하지만 하나님께서 특별한 섭리
가운데 사본들을 통하여 원본 성경 내용을 모두 전달해 주셨다는 것을 믿습
니다.

3. "대개(大蓋)"란 헬라어 접속사 "호티"를 번역한 것인데, "일의 큰 원칙으로 보
건대"라는 의미입니다. 현대인이 이해하기 쉽게 번역하면 "왜냐하면... 때문
입니다."라고 할 수 있습니다.

4. 우리가 하나님께 담대히 기도할 수 있는 이유는 "나라와 권세와 영광이 아버
지께 영원히 있기 때문입니다."

5. "아멘"이란 말은 "참으로", "옳습니다.", "그렇게 될 것입니다."라는 의미입
니다.

🤚 기도하기

거룩하신 주님 은혜에 감사합니다. 우리가 늘 하나님 앞에 나아가 기도드리지만, 아버지께서 기도를 들어주실 것이라는 확신으로 기도하지 못할 때가 많습니다. 저희의 믿음 없음을 용서해 주시옵고 시간이 지날수록 아버지를 향한 믿음과 사랑이 더 커지게 해 주시옵소서. 저희가 기도할 때마다 왕이신 하나님의 권능을 확신하게 하시옵고, 우리의 기도가 주님의 기뻐하시는 뜻에 합당한 기도가 되도록 저희를 고쳐주시고 기도 가운데 하나님과 사귀는 기쁨을 맛보게 해 주셔서 일생 동안 기도의 사람으로 살게 해 주시옵소서. 예수님의 이름으로 기도드립니다. 아멘.